打造信任铠甲　收获真挚情谊

塑造自身信任力

主编　拾月
编著　冯军

图书在版编目(CIP)数据

打造信任铠甲　收获真挚情谊：塑造自身信任力
冯军编著. -- 北京：现代出版社, 2015.4（2024.9重印）
ISBN 978-7-5143-3584-2

Ⅰ.①打… Ⅱ.①冯… Ⅲ.①心理交往－通俗读物
Ⅳ.①C912.1-49

中国版本图书馆 CIP 数据核字(2015)第 082207 号

打造信任铠甲　收获真挚情谊：塑造自身信任力

主　　编　拾　月
编　　著　冯　军
责任编辑　王敬一
内文制作　诚美天下文化传播有限公司
出版发行　现代出版社
地　　址　北京市安定门外安华里 504 号
邮　　编　100011
电　　话　(010)64267325
传　　真　(010)64245264
邮　　箱　xiandai@cnpitc.com.cn
网　　址　www.1980xd.com
印　　刷　唐山富达印务有限公司
开　　本　700mmx1000mm　1/16
印　　张　9
版　　次　2015 年 5 月第 1 版　2024 年 9 月第 4 次印刷
书　　号　ISBN 978-7-5143-3584-2
定　　价　57.00 元

前言

青少年是社会最宝贵的财富，是人类的希望和未来，正所谓“少年强则国强”。正因为如此，大至一个国家、一个民族，小至一个家庭、一个家族，都特别重视青少年的教育问题。希望他们成为社会的中坚，家族的骄傲。一句话，就是希望他们成为成功的人。于国，能成为有用的人才；于家，能成为顶梁柱。不仅仅要学习好，还要有辨别人世间的善、恶、美、丑的能力。在每个人的人生中，除了需要自身的因素之外，还需要拥有感受世界的能力。

宽容、谦虚，能够扩大一个人的朋友圈，不一意孤行，让青少年变得愈加稳重成熟。

真诚力、信任力，能够树立自己的影响力，赢得朋友的支持，更好地去展现自己。

亲和力、亲情力，能够明白人情世故，收获来自故友和亲人的帮助和支持。

友情力、精神力，能够学会珍惜，积极进取，带上快乐去开拓自己的人生。

方法、团结，能够让人少走弯路，众志成城地去凝结前进的力量。

青春，是每一个人最美好的一段时光，也是每个人人格、性格定型的重要阶段，在这个时期，我们需要享受青春的快乐，同时也需要完成自我塑造。通过心理自助，最终从一个小男生、小女生逐渐成长为一个有着健全人格的人，成长为一个对社会、对家庭、对自我有着相对完整认知的人，成长为能够为自己的未来做主的人。这才是一个最充实、最有价值的青春。每个梦想都值得我们认真对待，每个青少年都是未来的希望。在青春之中，我们不仅要有欢乐，同时也要拥有未来！

本丛书是你化解烦恼的“心灵鸡汤”，可以给你增加快乐的心理自助法则；本丛书会让你认识到：掌控心理，方能掌控世界；改变自己，才能改变一切。本丛书还将告诉你：只有实现积极的心理自助，才能收获快乐而充实的青春。

目录

第一篇 拉近距离：信任让人与人之间紧密联系

第二篇 真诚待人：诚挚，引领你走入他人的心房

第三篇 培养品质：不要小看能令人信服的资本

目录

第四篇 为人公正：一生都要为“增强修为”而努力

第五篇 成熟做事：内心成熟，路才能越走越远

第一篇

拉近距离：信任让人与人之间紧密联系

信任与被信任都是一种财富、一种爱、一种温暖、一种鼓励，更是一种力量。这种力量就是我们社会当前最需要传递的正能量。信任是一种弥足珍贵的东西，没有人可以用诱惑或武力来得到，它来自一个人的灵魂深处，是滋润灵魂的清泉，它可以拯救灵魂，濡养灵魂，让心灵充满纯洁和自信。

信任，可以带来无穷的力量

故事话题

一艘货轮在广阔无垠的大西洋上行使。一个搞勤杂的黑人小孩在船尾工作，一不小心，掉进了波涛汹涌的大西洋。

孩子在海洋里大喊救命，但是，风浪太急了，船上的人根本没有注意到他，也听不见他的呼喊。孩子眼睁睁地看着货轮离他越来越远……但是，孩子是有求生欲望的，他的本能使他在冰冷的海水里拼命地挣扎。他用尽全身的力气挥动着瘦小的双臂，努力使头伸出水面，然后一眼一眼地看着正在逐渐远去的轮船。

船越驶越远，逐渐地，孩子看不见轮船了。最后，只剩下一望无际的汪洋。这时候，孩子跟自己说：“放弃吧。”可是，刚想到这时，老船长

那张慈祥的脸和友善的眼神就在他的脑海里徜徉。

孩子想：不，船长知道我掉进海里后，一定会来救我的……

不久后，船长终于发现了那个孩子不见了，在当他断定孩子是掉进海里后，果断地下令返航，他要回去寻找那个黑人小孩。

这时，有人规劝船长："您看，这么长时间都过去了，就是没有被淹死，也让鲨鱼吃了……"

船长听到这样的话，犹豫了一下，可他还是决定回去找，并且找到了孩子。

当孩子苏醒之后，跪在地上感谢船长的救命之恩时，船长依旧十分慈祥地扶起孩子，然后问："你怎么知道我一定会来救你？"

孩子坚定地回答："因为，我知道您一定是这样的人！"

听到这里，白发苍苍的船长"扑通"一声跪在孩子面前，他泪流满面地说："孩子，不是我救了你，是你救了我啊！我为我在那一刻的犹豫而感到耻辱……"

故事解析

黑人孩子信任船长，他坚信船长是个十分有人情味的人，于是，在他掉进大海以后，凭借着这个信念，顽强地与大海作斗争，没有轻易放弃生命。而他，也的确验证了自己对船长的信任！船长在得知他失踪后，积极寻找，直到找到了那个男孩……

信任与被信任都是一种财富。

英国作家萨克雷说："生活是一面镜子，你笑，它也笑；你哭，它也哭。"活在这个世界里，我们不可能单独地生活，每个人都需要其他人的陪伴。然而，信任就是维系人与人之间的坚实纽带。信任是一盏灯，犹如水中的一块小小的明矾，可以沉淀所有的渣滓。

另外，信任和被信任都是一种力量的体现。

信任是一种爱，一种温暖，一种鼓励，更是一种力量。这种力量就是我们社会当前最需要传递的正能量。

不管是船长与黑人小孩的故事，还是很多其他关于信任的故事，都告诉了我们这样的事实：一个人能被他人信任是一种幸福！

故事穿越

18世纪时，英国一位有钱的绅士，在一天深夜，他像以往一样走在回家的路上，可这次，他被一个蓬头垢面衣衫褴褛的小男孩突然拦住。男孩说："先生，请您买一包火柴吧。"

绅士回答："我不买。"说完绕开男孩继续走。

男孩没有放弃，追上来继续说："先生，请您买一包吧，我今天还什么东西也没有吃呢！"

绅士看到男孩很可怜，也想到男孩可能不会轻易让他走，于是说："我没有零钱。"

男孩听到这，说："先生，你先拿上火柴，我去给你换零钱"。说完，男孩拿着绅士给的一个英镑，快速地离开了。

可是，绅士在原地等了很久，那个男孩都没有出现，最后，绅士无奈地回家了。以为男孩是个小骗子。

到了第二天，绅士正在自己的办公室工作，这时候，仆人走进来告诉他说，来了一个男孩，想要面见绅士。绅士让这个男孩进来了，一看，并不是昨天那个卖火柴的男孩，这个孩子要更小一些，穿着很破旧的衣服。

这时候，小男孩说："先生，对不起了，我的哥哥让我给您把零钱送来了。"说着，就将钱给绅士递了过来。

绅士问："你的哥哥呢？"

小男孩回答："我的哥哥在换完零钱回来找您的路上，不小心被马车撞成重伤了，现在在家躺着呢。他让我来给您送钱。"

绅士听到这里，深深地被这两个小男孩的诚信所感动。此时，他也有些愧疚，因为他昨天竟然不信任男孩，认为男孩是个小骗子。

绅士拿起衣服，和小男孩说："走，我们去看你的哥哥！"

小男孩领着绅士去了他家，到了家里，绅士看到他家里只有男孩的继母在照顾受了重伤的男孩。

看到绅士的到来，男孩连忙说："实在对不起，我没有给您按时把零钱送回去，我失信了！"

绅士却被男孩的诚信深深打动了。当他了解到两个男孩儿的亲父母都双亡时，毅然决定把他们生活所需要的一切都承担起来。

故事微语

每一个人都需要别人的信任，信任是一种美丽的人格，而信任程度就是别人从内心中对你人格的打分。

信任，是一种弥足尊贵的东西，没有人可以用任何手段争取得到，它来自一个人的灵魂深处，让心灵充满纯洁和自信。

当然，信任和不信任是从一些小事中逐渐累积起来的，也就是说，你的行为决定着别人对你是否信任，比如：你的朋友让你代买一支笔，你答应明天买来，可你好几天都没有给他，他肯定会对你失去信任，下次买笔肯定会去找别的朋友。信任就是这样，它是金钱、权利等无论如何也换不到的。

只有信任中是没有掺杂其他任何杂质的，是最纯净的。

心灵箴言

不相信任何人的人知道自己无信用。

——[美] 奥尔巴赫

对自己不信任，还会信任什么真理？

——[英] 莎士比亚

对人的热情，对人的信任，形象点说，是爱抚、温存的翅膀赖以飞翔的空气。

——[苏联] 苏霍姆林斯基

学会欣赏他人，为信任奠定根基

故事话题

北宋时期有一位大文学家，叫苏轼，有一次，苏轼与佛印禅师一起打坐。

苏轼对佛印开玩笑说：“我在打坐时，用我的天眼看到大师是团牛粪。”

佛印回答说：“我在打坐时用我的法眼看到你是如来本体。”

苏轼觉得自己的话语占了上风，回家后得意洋洋地告诉了妹妹他与佛印禅师的对话。

苏小妹听后说：“哥哥，你输得实在太惨了。你难道不知道修行的一切外在事物都是内心的投射吗？你的内心是一团牛粪，所以看到别人也是一团牛粪；人家内心是如来，所以看到的你也是如来。”

苏轼听完顿时觉得羞愧难当。

故事解析

上述故事中，苏轼并没有对佛印禅师萌生欣赏之意，甚至说出了不怎么好听的话，直到后来苏小妹提点他，他才感到羞愧难当。

观看别人，如果只看到别人的缺点，这也说明这个人是个专注于缺点的人，这样，很容易丧失对他人优点的观察能力。此外，这更是一种心态的问题。到底是别人真的这么差呢，还是我们的胸怀完全容不下别人一丁点的好？

有人说：“不会发掘别人好处，是欠缺智慧；不屑赞叹别人，是自高傲慢，心眼闭塞。”倘若每个人都眼盯“不是”，人们势必会像刺猬一样挤在一起，这样一来，有多么不舒服可想而知。摩擦多了，关系就会变得紧张，而这些，都是源于人心的狭隘。

欣赏别人，看一个人，能从他的优点上着眼欣赏，把人家的好处发掘出来，我们的人生观必将大大地改观，至少，我们会利用别人好的一方面，为自己的生活作借鉴。开放的时代更需要宽容的胸襟，更需要人们博采众智，致力于经济建设。

因此，欣赏别人，不仅仅是个人修养问题，更是时代赋予的责任。人们期待生活和事业的美景，很大一个方面，就是看自己懂不懂得欣赏别人了。人不可能无过，不是原则问题，大可以不去计较。其实，透过人家的不足去发掘他们的优点，这样的生活态度才是具有建设意义的。

故事穿越

在临近圣诞节时，美国芝加哥西北郊的帕克里奇镇到处洋溢着喜庆、热烈的节日气氛。

一个叫玛莎的女孩正在读中学，那天，玛莎拿着一叠不久前收到的圣诞贺卡，打算在好朋友安妮面前好好炫耀一番。可谁知，安妮竟然拿出了比她多10倍的圣诞贺卡，这么多的圣诞贺卡让玛莎羡慕不已。

玛莎禁不住问道："你怎么有这么多的朋友呢？你有什么方法才交到这么多朋友呢？"

安娜说："诀窍吗？其实也没有什么难的，就是要学会真诚、热情地欣赏别人。"紧接着，安娜就给玛莎讲了两年前她的一段经历：

那是个一个春天的中午，安娜和爸爸快乐地在郊区公园散步。在那儿，他们看见一个很滑稽的老太太。那天的天气是那么暖和，老太太却紧裹着一件厚厚的羊绒大衣，脖子上还围着一条毛皮围巾，和这样的天气很不应景，仿佛天上正下着鹅毛大雪。

安妮轻轻地拽了一下爸爸的胳膊说："爸爸，你看那位老太太的样子多可笑呀。"

安妮爸爸表情特别严肃，显然，他的想法和安娜不一样。他沉默了一会儿说：“安娜，我突然发现你缺少一种本领，就是你并不会欣赏别人。这证明你在与别人的交往中少了一份真诚和友善。”

安妮当时觉得爸爸有些小题大做了，自己感到很不服气，于是继续问爸爸：“你难道真的不觉得那位老太太的样子很可笑吗？”

爸爸摇了摇头，说：“我和你正好相反，我很欣赏那位老太太。”安妮听了以后惊讶极了。

爸爸接着说：“那位老太太穿着大衣，围着围巾，这证明此时她也许大病初愈，身体还不太舒服。但是，你仔细看她的表情，她正在注视着树枝上一朵清香、漂亮的丁香花，她的表情是那么生动，多么可爱啊！尽管她岁数那么大了。她渴望春天，喜欢美好的大自然，这是多么明显的事情啊，我觉得这老太太令我感动！”

安妮仔细地看了一下老太太，果然，那位老太太确实像爸爸说的那样，眼睛中闪动着某种渴望，荡漾在她脸上的笑容掩饰不住她内心的喜悦。

爸爸领着我走到那位老太太面前，微笑着说：“夫人，您欣赏春天时的神情真的令人感动，您使这春天变得更美好了！”

听了安妮的故事，玛莎深受感动和启发。

故事微语

欣赏并不是表面上对他人进行一些简单的赞美，欣赏更是一种能够折射出一个人美好心灵的积极的思维方式。那些像安妮以及她爸爸这样的人，一般都是拥有春天般美丽心灵的人，他们能够轻易感受到欣赏带来的美好。

心中有阳光，眼前才会亮。纯洁的思想，可使微小的行动变得高贵。

学会欣赏别人，就会养成一种积极的思维方式，它可以使你受用一生。

有人在一个生活圈子里做过这样的游戏：让每个人写出最有好感的人员名单，同时也写出最讨厌的人员名单。最后统计发现一个规律：你产生好感的那些人，往往是对你有好感的人；而你所讨厌的人，往往也是讨厌你的人。

与其这样，你又为何不做那个主动喜欢他人的人呢？

人与人之间的关系往往是相互的，如果你能够做到与人为善，那么必然也是与自己为善的行为。当你用欣赏的眼光看别人时，别人也会向你投来欣赏的眼光；当你用鄙视的眼光看别人时，别人也会向你投来鄙视的眼光。

盛开的鲜花会引来蜜蜂和彩蝶，而发臭的瓜果蔬菜，只能招来苍蝇和蚊子。其实，照亮别人就是照亮自己。

心灵箴言

慷慨，尤其是还有谦虚，就会使人赢得好感。

——[德] 歌德

你要欣赏自己的价值，就得给世界增添价值。

——[德] 歌德

欣赏，这就是为着一件事物本身而爱好它，不为旁的理由。

——[意] 达·芬奇

用尊重传达你和善的处事态度

故事话题

在一个风雨交加的夜晚，一对老夫妇走进一间旅馆的大厅，他们奔波了一天，想要住宿一晚。但饭店的夜班服务生说："不好意思，今天的房间已经被早上来开会的团队订满了。要是平时，我一定会送您二位到最近的其他旅馆，但是，今晚风雨交加的，我不想再一次让你们置身于风雨中，如果你们不介意，可不可以住在我的房间呢？它虽然不是豪华的套房，但是还是蛮干净的，至于我，我要加班，就在办公室休息了。"

这位年轻人很诚恳地提出这个建议。老夫妇大方地接受了他的建议，并对造成的不便向服务生致歉。

到了第二天，天气好转，老先生前去结账，此时柜台前工作着的还是昨晚的那位服务生。服务生依然亲切地表示："昨晚你住的房间并不是饭店的客房，所以我们不会收你的钱，只希望你与夫人昨晚睡得安稳！"

两位老人很吃惊，对他点头称赞："你是每个旅馆老板梦寐以求的员工，或许改天我可以帮你盖栋旅馆。"

果然，在几年之后，这个服务生收到一封挂号信。信中，有一段就是那个风雨夜晚所发生的事，另外还有一段，就是一张到纽约的往返机票，邀请他到纽约一游。

在抵达曼哈顿几天后，服务生在一个路口见到了当年的旅客，这个路口正矗立着一栋华丽的新大楼，老先生对他说："你看，这就是我为你盖的旅馆，我希望你来为我经营，你还记得我以前说过的话吗？"

这位服务生无比震惊，说话突然变得结结巴巴："你是不是有什么条件？你为什么选择我呢？你到底是谁？"

老先生说："我叫威廉·阿斯特，我没有任何条件，我说过，你正是我梦寐以求的员工。"

这旅馆就是纽约最知名的华尔道夫饭店，这家饭店在 1931 年启用，是纽约极致尊荣的地位象征，也是各国的高层政要造访纽约下榻的首选。当时接下这份工作的服务生正是乔治·波特，一位奠定华尔道夫世纪地位的推手。

Hotel

故事解析

一个懂得尊重他人的人，也必然会得到他人的尊敬。相反，一个不尊重他人的人，也绝不会得到别人的尊重。就如一个人对着空旷的大山大声呼喊，你对它友好，它便对你友好地回应。

青少年在与他人交往中，在待人、处事的态度上，一定要加倍注意，因为，你对别人的态度往往决定了别人对你的态度。

只有学会尊重别人，才会赢得别人的尊重。

生活中，时时刻刻都需要我们学会尊重。要学会对他人以诚相待，这是对他人最起码的尊重，更是青少年建立纯真友谊的基础。在回到家时，积极与父母长辈打声招呼，这也是一种对长辈亲人的尊重，更是对亲人辛勤养育最珍贵的抚慰。在上课时，注意专心听讲，这是对老师辛勤劳动的尊重……

尊重无处不在，就看你愿不愿意去付出行动。

故事穿越

吉姆曾经遇到一个乞丐，乞丐大约 20 来岁，衣衫破旧，抱着一把褪了色的旧吉他，唱着悲伤的歌曲。这样的情景，在这个繁华的城市，几乎每天都可以见到。

吉姆想：能够自食其力的人，却在这里乞求别人的施舍，这样生活真不好！想到这里，吉姆加快了脚步，因为，吉姆可不想为这样的人做出任何付出。此时，忧伤的歌曲依然在吉姆的耳边萦绕……

“先生，请等一等。”当吉姆要走上楼梯时，一个声音叫住了吉姆，吉姆感觉到是那个乞讨的人。

吉姆心想：别人不给钱就算了，还要追上来要钱！这样的人我是绝对不会给他钱的。想到这里吉姆有些气愤地说：“对不起，我没有钱给你，我现在很忙，请不要打搅我。”

乞丐却说：“您误会了，我想问这是您的东西吗？”吉姆循声望去，看到乞丐手里拿着的正是自己的钱包，要知道，里面有整整 1 万美金！如果这些钱丢了，吉姆肯定保不住工作了。

刹那间，吉姆感到十分羞愧，因为这个乞丐不是要向吉姆讨要什么，而是要归还吉姆丢失的钱包。

吉姆非常激动地接过了钱包，为了表示谢意，他从钱包里拿了一张10美元的纸币给乞丐，然后对乞丐说："为了表示感谢，请接受我的一份心意。"

乞丐却说："先生，我确实需要钱，但我有自己的原则。这个钱我不会要的。"说完，就离开了。

没错，乞丐要的，便是尊严。

故事微语

每个人都有尊严，这是一个人能够生活下去的精神支柱，即使是乞丐也不例外。

有人说："尊重是脸上一抹真诚的微笑，尊重是他人发表不同的意见时的倾听，尊重是为别人付出的努力而鼓掌……"

做一个懂得尊重别人的人，你的人生会变得更加宽阔。当然，尊重他人，并不是对他人盲目的崇拜，更不是没有自尊的低三下四、一味奉迎，每个人都应该掌握好这个度。

心灵箴言

对人不尊敬的人，首先就是对自己不尊重。

——[俄] 陀思妥耶夫斯基

卑己而尊人是不好的，尊己而卑人也是不好的。

——徐特立

人受到震动有种种不同：有的是在脊椎骨上；有的是在神经上；有的是在道德感受上；而最强烈的、最持久的则是在个人尊严上。

——[英] 约翰·高而斯华馁

信任他人，也是信任自己的表现

故事话题

公元前 4 世纪时期的意大利，有一个年轻人名叫皮斯阿司，他做了一件触犯国王的事情。

皮斯阿司是个有名的孝子，在被处决之前，他最后的希望就是能和远在百里之外的母亲见上此生的最后一面。他希望能够当面对母亲表达歉意，因为，他不能为母亲养老送终了。

他的这一要求后来被告知了国王。

国王也被他的孝心所感动，决定让皮斯阿司回家与母亲相见，但有一个条件，就是皮斯阿司必须找到一个人来替他坐牢，否则就不会让他实现这个愿望。这是一个看似简单的要求，想要达成，却实在是太难了。想来没有人愿意冒着被杀头的危险替他坐牢，因为，这种做法和自寻死路没什么两样。

可是，现实中，还真有人愿意替他坐牢，就是皮斯阿司的好朋友，叫达蒙。

达蒙代替他住进牢房以后，皮斯阿司回到家中，和母亲相见、诀别。人们都关注着这件事情的发展。日子如水，皮斯阿司好久都没有回来，眼看刑期在即，还没有任何皮斯阿司的消息。人们一时间议论纷纷，都说达蒙上了皮斯阿司的当。

马上，行刑的日子到了，当达蒙被押赴刑场之时，围观的人都在嘲笑他愚蠢的做法，他们认为达蒙不该信任皮斯阿司。当然，其中幸灾乐祸的也大有人在。但是，刑车上的达蒙，没有一点惧色，他信任朋友达蒙。

追魂炮被点燃了，绞索也已经挂在达蒙的脖子上。胆小的人不敢睁眼看了……

但是，就在这千钧一发之际，在淅沥的风雨中，皮斯阿司飞奔而来，他高喊着："我回来了！我回来了！"

当场的人，无不被眼前这一幕所感动，大多数的人都以为自己在梦中。很快，这个消息被传到了国王的耳中。国王听到后，也以为这是痴人说梦。于是，他亲自赶到刑场，要亲眼看一看自己优秀的子民。

最终，国王万分喜悦地为皮斯阿司松了绑，并亲口赦免了他的罪。

故事解析

这个关于信任的故事实在很令人感动。皮斯阿司的朋友达蒙是如此信任他，哪怕全国的人们都认为他是傻子，他却不为所动。信任他人，也是信任自己的表现，达蒙愿意为了朋友去坐牢，为此甚至不怕死亡的威胁。而他最终也得到了皮斯阿司的回馈，皮斯阿司没有食言，在最后一刻赶到刑场，感动了全国的人民。

信任，其实也是一种责任，真诚地对待他人，才能取得别人对你的信任。

当然，没有时间的积累，不会轻易信任一个人的，但最主要的是，你要拥有一颗能够信任他人的心，要懂得亲近他人，他人才会还以温暖。有些人，终其一生也没有真正信任过任何一个人，那么，他又怎么能够收获到他人的信任呢?

信任还是一种能够让生命更加鲜活的一种感觉，也是一种高尚的情感，更是一种连接人与人之间的纽带。你积极去信任另一个人，这样，也会促使他人愿意去信任你。

故事穿越

1944 年的圣诞夜，发生了一件让人意想不到的事情，两个迷了路的美国大兵拖着一个受了伤的兄弟艰难地行走，走了很久，他们在德国西南边境亚尔丁森林中的一栋小木屋的门前停下来，敲响了大门。

小木屋的主人是一个善良的德国女人，她轻轻地打开房门，家的温暖在一瞬间拥抱了 3 个又冷又饿的美国大兵。

女主人把这三位特殊的客人迎进门，开始有条不紊地准备着圣诞晚餐。尽管客人看起来是那么的让人没有安全感，但她，没有丝毫的慌乱与不安，没有丝毫的警惕与敌意。因为，她的直觉告诉自己：他们只是战场上的敌人，而不是生活中的坏人。

美国大兵安静地在炉边烤火。不一会，门又一次被敲响了。站在满心欢喜的女主人面前的，不是来送礼物和祝福的圣诞老人，而是 4 个同样疲惫不堪的德国士兵。

女主人像迎接美国大兵那样，将他们迎进来，并告诉她的同胞，这里有几个特殊的客人。那么，在今夜，这个小木屋里，会发生一场屠杀吗？

要知道，他们可是敌人！

然而，在女主人的授意下，德国士兵们垂下枪口，他们走进小木屋，毫无杀气，相反，他们顺从地把枪放在墙角。于是，在1944年的圣诞夜里，在烛火见证下，发生了二战史上最为奇特的一幕——一名德国士兵蹲下身子，为一名年轻的美国士兵检查腿上的伤口，而后扭过头去向自己的上司急速地诉说着什么。

这时候，显露出来人性中最善良、最温情的一面，他们每个人在此刻都是幸福无比的，因为，他们被彼此的信任而温暖着。有人担心对方会把自己变成邀功请赏的俘虏……第二天，睡梦中醒来的士兵们在同一张地图上指点着，寻找着回到己方阵地的最佳路线，然后握手告别，沿着相反的方向，消失在白茫茫的林海雪原中。

故事微语

信任，是人与人感情的交汇点，与人之间最真的感情。无论是信任或被信任，都是需要勇气的。就像故事中的美国大兵与德国士兵一样，他们化解了世俗的一切，让彼此的心灵在那一夜得到了慰藉。

对陌生人如此，对亲人朋友更应该如此。

珍惜别人的一份信任，生活中便会有更多的动人故事。一份信任将会是一笔很大的财富，是金钱买不来的。

珍惜别人对你的信任吧！那种感觉能够让你变得更加自豪。

心灵箴言

人与人之间最高的信任，无过于言听计从的信任。

——[英] 培根

任人之道，要在不疑。宁可艰于择人，不可轻任而不信。

——欧阳修

如果把礼仪看得比月亮还高，结果就会失去人与人真诚的信任。

——[英] 培根

积极建立良好的信任关系

故事话题

在遥远的过去，一天，一个农夫正在路上行走，他发现在山脚下有个路人正在睡觉，但是，可怕的是，有一条灰狼悄悄在走近那位路人。农夫一着急，赶忙大声喊叫："喂，过路人，快起来！狼咬你去了！"

睡觉的人听到呼唤赶忙醒来，他快速从腰中拔出短剑。这时候，狼就要走到他身边了，但是，这时候的狼竟然眼珠一转，改变了主意，它不想不去咬过路人了，而是扭头往反方向走，钻进了灌木丛里。

过路人对农夫说："实在太感谢你了，好心人！没有你，我的小命就要没了，我是个财主。我要赏给你一袋金币。"

农夫一听有这么好的赏赐，感到非常高兴，他心想：真是福从天降！我还从未见过金币的模样呢，而现在，我就要有一整袋金币了！

财主看到农夫异常欣喜的样子，觉得自己的赏赐似乎给得多了，但是不认账的话颜面上实在过不去，于是，他要想个妥善的办法……没多久，财主就说道："我就住在山后的

村子里。你明天到我家来。你不要一个人来，要带一个你完全信任的人来。因为你要背一袋金币的！”

农夫回到家里后，将刚才发生的一切都告诉妻子了。农夫问：“要让谁一同去呢？”

妻子说：“没有这样可靠的人。我谁也不相信。还是我和你一起去吧，由我来保护你。”于是，他们夫妻二人一同来到财主家。

财主殷勤地迎接他们，桌上摆满丰盛的酒席款待他们。农夫开怀畅饮，很快就喝了个酩酊大醉，倒卧在床上就睡着了。

这时，财主悄悄对农夫的妻子说：“我没曾想，他的妻子竟然是一位如此美貌的人。你想想，如果成为财主的妻子该多好！你可以穿丝绸、戴金银。你再也不用做那么多家务事了，你如果当财主的夫人，你就能够支配很多钱……”

农夫的妻子听了这番话，想想的确如此，相比之下，一袋金币又有什么了不起呢？与其这样，我还不如做财主的妻子呢。于是她就说：“我答应了。可我的丈夫如何处治呢？”

“把他杀了。”

“一个女人怎么能斗过一个男人呢？”

“你乘他熟睡时就把他杀死。你看，那儿有一把短剑。”

农夫的妻子抓起短剑，走到丈夫身边，把短剑高高举起，想要杀死丈夫。然而，就在这紧要关头，财主突然大叫起来：“快起来，客人，快起来！你妻子要杀死你！”

农夫的妻子一听这话，手持短剑木呆呆地停在那里，宛如一具僵尸。

农夫跃身而起，看见了妻子和她手中的短剑。这时财主说：“在我睡觉的时候，差一点被狼吃了，你救了我一命。今天，我也救了你一命。现在我们俩可以说是谁也不欠谁的债，咱们两清，你们回家去吧。”

最后，农夫和妻子就这样两手空空地回家去了。

故事解析

良好的人际关系有助于形成人的道德情感，良好的人际关系有利于保持人的心理健康，这对每个人来说都是一件十分重要的事情。积极建立良好的信任关系，这会让青少年在与他人交往的过程中感到十分顺畅。

人类，可以长期忍受物质上的匮乏，却无法容忍精神和情感方面的匮乏。人对他人的需要和依赖是远远超过我们每个人自己所了解和想象的程度的。没有信任，就没有精神上的慰藉，那么，生活必然会度日如年。

没有他人对自己的期待、信赖、友情与尊敬，人们就无从获得我们所需要的安全感、幸福感和成就感，那么，存在也会失去价值和意义。

故事穿越

北宋词人晏殊，一直以来都以真诚著称。在他 14 岁时，有人把他作为神童举荐给皇帝。皇帝对他也很感兴趣，不仅召见了他，还要他与 1000 多名进士同时参加考试。结果，晏殊发现所考内容正是自己几天前刚练习过的。于是，晏殊如实向真宗报告，并请求改换其他题目。

宋真宗非常赞赏晏殊的真诚品质，便赐给他“同进士出身”。在晏殊当职时，天下太平，京城的大小官员便总是会到郊外游玩或在城内的酒楼茶馆举行各种宴会。晏殊因为家贫，根本没有钱出去吃喝玩乐，所以，他总是在家里和兄弟们读写文章。

有一天，真宗提升晏殊为辅佐太子读书的东宫官。大臣们惊讶异常，不明白真宗为何做出这样的决定。真宗说：“近来群臣经常游玩饮宴，只有晏殊闭门读书，如此自重谨慎，正是东宫官合适的人选。”

晏殊谢恩后，如实说：“我其实也是个喜欢游玩饮宴的人，只是家贫而已。若我有钱，也早就参与宴游了。”

这两件事，使晏殊在群臣面前树立起了信誉，而宋真宗也更加信任他了。

故事微语

晏殊用真实的自己，赢得了真宗的信任，这是十分可贵的品质。可见，晏殊并没有把功名利禄放在第一位，而是希望真宗知道自己的真实想法。他绝对不是个虚伪的人。

想要建立良好的信任关系，就要像晏殊学习，真实是拉近与他人之间距离的好办法。

由于许多原因，现在很多青少年在人际交往中存在的一个问题就是对他人难以信任，在有些人眼中，社会复杂得就像个大黑洞，你无法看清它的真面目；他人都是心怀叵测，不可相信的。所以，在与人交往中，唯恐上当受骗的心理也是常见的。但是，居心不良的人固然是要防备的，但毕竟是少数，不能因此连朋友也拒之千里。

当然，过分地狐疑、不信任也是没有必要的，会使人难于交友，无法形成相应的人际关系，在这种氛围中工作学习都会受到影响，个人心理压力也会很大。

心灵箴言

要做真正的知己，就必须互相信任。

——[俄] 列夫·托尔斯泰

信用既是无形的力量，也是无形的财富。

——[日] 松下幸之助

信任是友谊的重要空气，这种空气减少多少，友谊也会相应消失多少。

——[英] 约瑟夫·鲁德亚德

第二篇

真诚待人：诚挚，引领你走入他人的心房

真诚是人性中最美好的品质，真诚的人具有无穷的魅力。一个人，是不是能够做到真诚，这不仅仅体现了一个人的自身价值，更能够体现出一个人的人格魅力。人世间最可贵的是人与人之间的真诚与情感，用一把真诚的钥匙打开一道紧锁的心灵之门，它会使你畅通无阻。

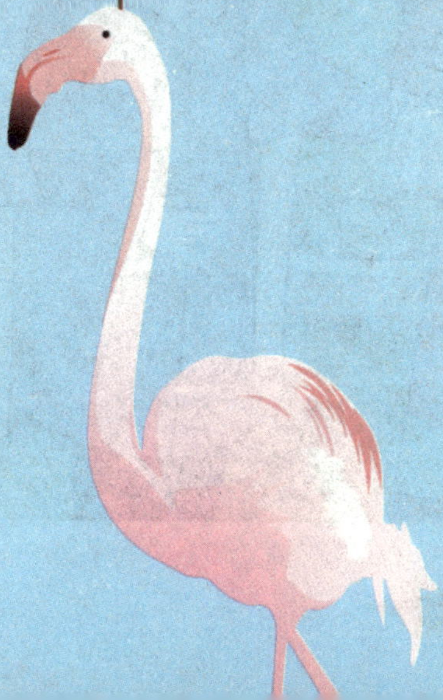

真诚的人如阳光般明媚

故事话题

一次，英国的维多利亚女王在白金汉宫为正在英国访问的门德尔松举行盛大的招待会，欢迎这位著名的作曲家的到来。当门德尔松演奏完署有自己名字的《伊塔尔兹》这支曲子时，女王倍加赞赏，说："单凭这一支曲子，就可证明你是天才。"

门德尔松并没有喜形于色，而是安详地对女王说："不，那是我妹妹的作品。"

原来，她妹妹芬妮亚也是个极有音乐造诣的作曲家，她写了这首曲子，几位兄弟不赞成署女人之名，一致商定用门德尔松的名字发表。尽管门德尔松誉满国内外，艺术才华出类拔萃，但他并不想夺人之美，贪他人之功为己有，表现出较高的素质和修养。

故事解析

人际交往中的真诚，并不是简单、直接、毫无保留地相互袒露心声，而是本着善意和理性的思维，把那些真正有益于对方的东西系上美丽的红丝带，然后给予对方。

真诚是人性中最美好的品质，真诚的人具有无穷的魅力。一个人，是不是能够做到真诚，这不仅仅体现了一个人的自身价值，更能够体现出一个人的人格魅力。

有人说：“真诚是火，当心与心之间横出樊篱时，它会焚去所有的阻隔，引导心灵共同拥抱美好与真情；真诚是水，当思想里积起种种难以沟通的障碍时，它会洗去一切误解，在不同的思想之间架起一座理解与友爱的彩虹。”这话将真诚描绘得绚丽无比。

人世间最可贵的是人与人之间的真诚与情感，用真诚的一把钥匙打开一道紧锁的心灵之门，它会使你畅通无阻。它能助你获得无尽的友爱，找到美满的生活与爱情。人与人相处，最基本要做到的就是坦率和真诚，那种纯净和坦荡的情怀，是十分吸引人的。朋友不在多，心诚则行。只有真诚，才能和谐相处知。

只有面对真诚的朋友，你才能够畅快地表现出喜怒哀乐。你要知道，如果拥有真诚的朋友，这比拥有黄金更令你快乐。因为，黄金有价，真情无价。真诚的友情是心灵与心灵的互惠，它比天高，比海深。

故事穿越

一个女人，她的丈夫是个音乐家，但结婚没多久她就守了寡，丈夫因为一次车祸永远地离开了她。

从此，她就带着自己唯一的亲人，一个只有4岁的女儿艰难度日。因为生活所迫，母女俩去向当地一个搞音乐的商人求助。商人听到她们的故事后感到很同情，于是，答应给这对母女一些帮助。

商人问这位母亲说："你想要多少钱，尊敬的女士？"

"5美元，5美元就能够让我做一些小买卖了，这样我就能够抚养我的女儿了。"女人忧郁地说。

商人没有犹豫，拿出了一张支票，在上面写了几个字后交给女人，并告诉她："到对面的银行您就能拿到钱了，祝您好运，女士。"

女人和她的女儿赶忙拜谢这位商人，然后拿着支票匆匆地去了银行。

银行职员交给寡妇50美元。当女人看到足足50美元后，吃惊地说："先生，我想你肯定是弄错了。我只要5美元，您为什么要给我这么多钱？"于是，她把钱退给银行，又拿着支票再次去见那个商人。

商人给出的回答是："对，是错了，我应该写的是500美元，对于这么真诚的人，500美元的奖励都是少的！"

故事微语

真诚地去对待身边的每一个人，你能轻易从中感悟到世间的真善美。每一个人，都天生就有善良真诚的一面。你要懂得，世界上并不缺少美，只是缺少发现美的眼睛。如果你能够用心去体会和发现，就能从人群中得到许许多多不同的美。

大千世界，千人各面，或许有许许多多人有各种不同的思想，但他们都会有诸多共同点，这是由于他们所处的环境、社会立场以及自身情感所决定的。

但是，美能从一份真诚中轻易获得。

真诚的人最可贵，真诚能够帮你获得很好的人缘，能够进一步去帮助自己人生事业的成长。真诚的人做事情不会虚假，他们拥有许多知心朋友，能够助他在以后的生活中拥有美好的回忆。

心灵箴言

真诚才是人生最高的美德。

——[英] 乔叟

真者，精诚之至也，不精不诚，不能动人。

——庄子

有了真诚，才会有虚心，有了虚心，才肯丢开自己去了解别人，也才能放下虚伪的自尊心去了解自己。建筑在了解自己了解别人上面的爱，才不是盲目的爱。

——傅雷

诚实是信任的桥梁

6 故事话题

曾子的妻子到市场上去，她的儿子听到后也要跟着一起去。妈妈不愿意带他，他便一边走，一边哭。妈妈对他说："你回去，等我回来以后，杀猪给你吃。"

没过多久，妻子从市场回来了，见曾子要捉猪来杀，妻子赶紧拦住他说："那只是跟小孩子说着玩的，你不要当真！"

曾子却说："绝不可以跟小孩子说着玩。小孩本来不懂事，他们只能遵照父母的样子去学，他们会听父母的教导。而现在你却骗他，那就是教孩子骗人。做妈妈的骗孩子，孩子不相信妈妈的话，那是不可能把孩子教好的。"

说完，曾子还是把猪给杀了。

还有一个故事：

郭沫若小时候很淘气，但是很孝顺。有一次，他的妈妈得了一种"晕病"，郭沫若听说芭蕉花可以治这种病，就想办法要弄到这种花。然而，这种花卖得很贵，并且难得一开，于是，他就和哥哥一起跑到一座花园内找这种花。

恰好，那座花园里的芭蕉开了一朵大黄花，郭沫若和哥哥把花偷偷地摘下来送给了妈妈。妈妈虽然知道郭沫若这样做是孝顺她，可是儿子的行为很让她伤心。郭沫若知道原因后，再也不偷拿别人的东西了。

故事解析

诚实是架起信任的桥梁，人的一生，心房里必须时常点亮诚实做人的明灯，只有这样，我们才能看清脚下坎坷不平的人生漫漫长路应怎样行走。诚实的人，生命愈活愈精彩。

人的一生，短暂而宝贵，追求美好幸福和希望的过程却很艰难，如果在进取的路上忽视了诚实做人的美德和修养，就会使我们丧失掉掌控自我命运的主动权，甚至会被动地深陷孤独无助的黑暗危险境地，难以找到光明的出路。

诚实做人的美德应从小开始注重培养，要是每一个人的这一为人基础打牢了，自然前景无限美好。诚实做人还是生命的天职所在，不管是谁，都责无旁贷。

故事穿越

一个顾客走进一家汽车维修店，自称是某运输公司的汽车司机。

顾客对店主说："在我的账单上多写点零件，我回公司报销后，这样，你就会得到一份好处。"

店主听到后，直接拒绝了顾客的要求。顾客不罢休，继续纠缠说："我的生意不算小，会常来的，你肯定能赚很多钱！"

店主又一次表明态度，告诉他这事无论如何也不会做。

顾客气急败坏地嚷道："不管是谁都会这么干的，你实在是太傻了！"

店主生气了，他实在不喜欢这个顾客，然后要那个顾客马上离开，到别处谈这种生意去。

然而，就在这时，顾客露出了微笑，并满怀敬佩地握住店主的手："我就是那家运输公司的老板。我一直在寻找一个固定的、信得过的维修店，我今后常来！"

故事微语

店主面对诱惑，没有心动，更不为其所惑，他平淡如行云，质朴如流水，这就是诚实的美德。

诚实，简单来说，就是用事实说话。诚于中，必能形于外。诚实的人内心是纯净无染的，他们真实、不虚伪、率真自然、正直无私，所以，他们最能温暖他人的心，净化他人的心灵。

诚实体现在很多方面，诚实的人眼睛是清澈的、声音是甜美的、态度是和缓的……诚实的人总是那么从容，他们心中没有亏欠和虚滑，他们深刻懂得：诚能行之永久，是处世立身的根本，是人生休咎的关键。

诚实的人问心无愧。有了诚实的心，人心可以宁静如水，圣洁如雪；有了诚实，就有了豁达的性格，可以超凡脱俗，彰显高大无比的人格魅力。

心灵箴言

诚实是人生永远最美好的品格。

——[苏联] 高尔基

没有一处遗产像诚实那样丰富的了。

——[英] 莎士比亚

你必须以诚待人，别人才会以诚回报。

——李嘉诚

朴拙，不是蠢笨的代名词

故事话题

管仲和鲍叔牙年轻的时候就非常投缘。

他们两个人曾合伙做过买卖，那时候，管仲家里特别穷，根本拿不出多少本钱来，鲍叔牙并不在乎这些，他便多出一些钱。如果买卖赚了钱，管仲还要多分一些利润，鲍叔牙也心甘情愿。鲍叔牙之所以这样是，因为他知道管仲不是贪财的人，只是因为家里太穷，急需要等钱用。

管仲和鲍叔牙还一起当过士卒，他们在打仗过程中，管仲总是在后，鲍叔牙在前，败退时，管仲在前，鲍叔牙在后。所以，很多人都说管仲是个胆小鬼，但鲍叔牙却替他辩护说：“管仲在家中是个独生子，家里还有一个老母亲需要他奉养，他那不是胆小，而是个做大事的材料。”

管仲也曾感慨地说过这样的话：“生我者父母，知我者鲍叔牙！”

后来，管仲因为错保公子纠而得罪于齐桓公，鲍叔牙在齐桓公面前力保管仲，并推荐管仲当了齐国宰相。到了管仲病重，临死时，齐桓公到病榻前询问谁可继任为宰相，管仲并没有推荐鲍叔牙，并且还说：“鲍叔牙为人贤良，但过于嫉恶如仇，不是当宰相的材料。”

后来，一些唯恐天下不乱的小人，将这话传到鲍叔牙耳朵里，他们本想因此来挑拨管仲与鲍叔牙之间的关系，没想到鲍叔牙却说：“管仲说得对，如果让我当宰相，我首先把你们这些小人杀干净。”

故事解析

管鲍之交，成为交友的典范，流传千古。这种感情是真挚的，没有掺杂任何杂质。交情的基础不是利害关系，不是互相借重、互相吹捧，而是真心相助，不图回报。

尽管当时有些人也像进谗言的人一样，认为他们之间不可能有真挚的友情，但是，管仲和鲍叔牙都不为所动，他们正是因为拥有大智慧，胸怀宽广，内心明净，才会如此这般地相信对方。

然而，鲍叔牙看似这般拙笨，并不是真的愚蠢，他真诚对待管仲，而管仲也是真诚待他，尽管最后管仲没有推荐鲍叔牙当宰相，鲍叔牙也没有为此而伤心，因为他深深懂得，没有人比管仲更了解他；而他，也是最了解管仲的。

故事穿越

三味书屋是清末绍兴城里的一所著名的私塾，鲁迅从小就聪颖勤奋，在他 12 岁时就到三味书屋跟随寿镜吾老师学习，在那里攻读诗书近 5 年时间。

鲁迅 13 岁时，他的父亲因为长期患病，导致家里越来越贫穷，所以，他总是要到当铺卖掉家里值钱的东西，然后去药店给父亲买药。

有一次，父亲病重，鲁迅起早就赶忙去当铺和药店，再到学校时，老师已经开始上课了。老师看到他迟到了，非常生气，于是说："已经十几岁的学生，还睡懒觉，上课迟到。下次再迟到就别来了。"

鲁迅听了，只是点点头，没有辩解，他低着头默默回到自己的座位上。

第二天，他很早就来到学校，并在书桌右上角用刀刻了一个"早"字，心里暗暗地许下诺言：以后一定要早起，不能再迟到了。

以后的日子里，父亲的病更重了，鲁迅就更频繁地到当铺去卖东西，再到药店去买药。家里的很多活都抗在了鲁迅的肩上。他每天天不亮就早早起床，料理好家里的事情，然后再到当铺和药店，之后又急急忙忙地跑到私塾去上课。

虽然家里的负担很重，可是他再也没有迟到过。在那些艰苦的日子里，每当他气喘吁吁地准时跑进私塾，看到课桌上的"早"字，他都会觉得开心，心想："我又一次战胜了困难，又一次实现了自己的诺言。我一定加倍努力，做一个信守诺言的人。"

故事微语

鲁迅质朴率真，因为要照顾父亲，同时还要料理家中的其他事情，导致他上课会出现迟到的现象。老师以为他迟到的原因是贪睡，起得晚，但鲁迅没有为自己做其他辩解，而是下定决心，不管怎么样，都要努力做到不迟到。

鲁迅对待学习如此真诚，他非常努力，最终，也是这份努力和坚持，将他塑造成为著名的文学家，影响了一代又一代人。

心灵箴言

除真挚的心灵外，别无高贵的仪容。

——[英] 拉斯金

没有真挚朋友的人，是真正孤独的人。

——[英] 培根

我们把美归结为质朴无华，实实在在，恰到好处。

——[美] 爱默生

做一个讲求诚信的人

故事话题

春秋战国时，秦国的商鞅在秦孝公的支持下主持变法。当时时局混乱，战事频频，就在人心惶惶之际，为了树立威信，促使国家推进改革，商鞅下令在都城南门外立一根3丈长的木头，并当众许下诺言：谁能把这根木头搬到北门，赏金10两。

围观的人听到赏金那么多，都坚信这肯定是一根非常沉重的木头。结果没人肯出手一试。

于是，商鞅将赏金提高到50金。所谓“重赏之下必有勇夫”，终于有人站起将木头扛到了北门。商鞅立即赏了他50金。

商鞅这一举动，在百姓心中树立起了威信，而商鞅接下来的变法就很快在秦国推广开了。新法使秦国渐渐强盛，最终统一了中国。

然而，就在商鞅“立木为信”的地方，在早它400年以前，却曾发生过一场令人啼笑皆非的“烽火戏诸侯”的闹剧：

周幽王有个宠妃叫褒姒，褒姒不爱笑，周幽王为了博取她一笑，下令在都城附近20多座烽火台上点起烽火。但是，烽火可是边关报警的信号，只有在外敌入侵需召诸侯来救援的时候才能点燃。当诸侯们见到烽火时，都急忙率领兵将们匆匆赶到，到了才明白，这不过是君王为博妻一笑的花招！于是，官兵们愤然离去。

褒姒看到平日威仪赫赫的诸侯们手足无措的样子，终于开心一笑。5年后，西夷太戎大举攻周，幽王烽火再燃而诸侯未到——谁也不愿再上第二次当了。

结果，幽王被逼自刎，而褒姒也被俘虏。

故事解析

一个“立木取信”，一诺重金；一个帝王无信，戏玩“狼来了”的游戏。结果前者变法成功，国强势壮；后者自取其辱，身死国亡。可见，“信”对一个国家的兴衰存亡都起着非常重要的作用。

中国是个有五千年悠久历史的文明古国，诚信一向是中国人引以为豪的美德。

孔子说过：“民无信不立。”一个人若没有信用，就无法立足于社会。所谓“三杯吐然诺，五岳倒为轻。”这是李白《侠客行》的诗句，形容承诺的分量比大山还重，极言诚信的重要。

故事穿越

有一位富商，他是在几年时间内迅速富起来的，很多人都为他的暴富感到疑惑，便问他："您在短时间内成为富商的秘诀是什么？"

他回答说："诚信，我是从一毛钱的诚信起家的。"

这位富商最初不过是一个做小规模批发生意的普通人，在做几年小生意以后，他看到周围的很多商人都因为诚信博得了同行们的尊敬，便体会到了诚信的重要性，于是，他想出来一个赢得信誉的好方法。

当时，日本的渔民很多，渔民在工作时离不开麻绳这种工具，富商想：如果能够做麻绳生意，一定会很快富起来！于是，他果断决定做批发麻绳的生意。他先从一家生产麻绳的厂家进麻绳，每根麻绳的进价是5毛，照理说加上保管费、运输费、搬运费等，每根麻绳卖出去的价格必须要高于5毛钱的，但是他又以每根麻绳5毛钱的价格卖给了东京一带的工厂和零售商，自己一分钱没赚不说，还赔上了一大笔钱。

1年以后，人们都知道了他这位"做赔本买卖"的商人，于是，订货单像雪片一样飞到他的手中，他的名字也像长了翅膀一样飞进人们的耳朵里。

聪明的富商找到生产麻绳的厂家，说：“过去的1年里，我从你们厂购买了大量的麻绳，而且销路一直不错，可是我都是按进价卖出去的，赔了不少钱，如果我继续这样做的话，没几天我就要破产了。”

厂方看了富商开出的货单后，看到的确是原价销售的，他们考虑到现在向富商订货的客户很多，于是决定每根麻绳让5分钱，以4.5毛钱的价格卖给富商。

富商又来到他的客户那里，很诚实地说：“我以前为了扩大自己的影响，原价出售麻绳，现在我的钱已经都赔得差不多快光了，再这样下去，我就要关门停业了。我刚从麻绳厂回来，他们决定每根麻绳给我让5分钱，你们是不是商量一下，给我加一点。”

客户们看了进货单，知道富商说的是实话，于是就决定每根麻绳加5分钱，以每根5.5毛的价格买富商的麻绳。

由于富商诚实，总明明白白地跟厂家和客户说自己在中间赚了多少钱，赢得了人们的信任，人们都愿意和他做生意。

故事微语

对人以诚信，事情往往能够成功！诚实守信是一种传统美德，富商因为采取诚实地做生意的方式，取得了他人的信任，合作商们纷纷表示愿意与他合作，并为了他，甚至愿意自动让利，这就是诚实的伟大之处。

诚信是金，但比金子耀眼；诚信是火，但比火种温暖；诚信是风，但比风儿柔和。诚信教给人们做人之本，教给人们人生的智慧。

如今社会，歌颂诚信、推崇诚信是一件非常普遍的事情，且不说曾子杀猪、商鞅徙木这样的诚信名典，也不说君子一言，驷马难追的承诺；更不必说刘邦的约法三章传为千年美谈，只要着眼身边，诚信待人做事，你的人生一定不会差到哪去。

心灵箴言

遵守诺言就像保卫你的荣誉一样。

——[法] 巴尔扎克

对人以诚信，人不欺我；对事以诚信，事无不成。

——冯玉祥

信用就像一面镜子，只要有了裂缝就不能像原来那样连成一片。

——[瑞士] 阿米尔

虚伪，是另一种自欺欺人

6 故事话题

傍晚，一只羊自己在山坡上玩，这时候，突然从树木中窜出一只狼来，狼要吃羊，羊拼命跳起来，用角抵抗，并大声向朋友们求救。

牛在树丛中向这个地方望了一眼，发现是狼，跑走了；

马低头一看，发现是狼，一溜烟跑了；

驴停下脚步，发现是狼，悄悄溜下山坡；

猪经过这里，发现是狼，冲下山坡；

兔子一听，更是一箭一般离去。

山下的狗听见羊的呼喊，急忙奔上坡来，从草丛中闪出，咬住了狼的脖子，狼疼得直叫唤，趁狗换气时，仓皇逃走了。

羊回到家，朋友都来了。

牛说："你怎么不告诉我？我的角可以剜出狼的肠子。"

马说："你怎么不告诉我？我的蹄子能踢碎狼的脑袋。"

驴说："你怎么不告诉我？我一声吼叫，吓破狼的胆。"

猪说："你怎么不告诉我？我用嘴一拱，就让它摔下山去。"

兔子说："你怎么不告诉我？我跑得快，可以传信呀。"

在这闹嚷嚷的一群中，唯独没有狗。

故事解析

真正的朋友，不会对你虚伪地花言巧语，而是关键时候拉你的那只手。比如说那只勇敢的狗，它没有多说什么，看到紧急情况直接冲出来救助羊。而那些说得漂亮的牛、马、驴、猪以及兔子，它们看似很近，实际上心却很远。

我们不能做虚伪的人，因为，对他人虚伪，同时也是自欺欺人的行为。虚伪地对待他人，他人也不会为你付出真心。在大千世界里，不能奉献和收获真心的人生，注定是失败的人生，如果不想这样，就请坦诚一些吧。

故事穿越

山羊娶亲，一路上吹吹打打，好不热闹，路途中，正好碰上水牛。水牛很不高兴，撅着嘴对山羊说："老弟，人生大事可喜可贺啊，但是，你为什么不请我来喝一杯喜酒呢？"

山羊很不好意思地说："大哥，我是要请你的，但是，听说你们转移了草场……"

水牛很大方地说："这样的话，我就不计较了，不过，你一定要让大哥我看一看新娘子长得什么模样啊！"

山羊感到很为难，它说："大哥，不是我不给你面子，咱们有风俗习惯，婚纱盖头没揭开以前其他人是不可以看新娘的面目的。"

水牛哈哈大笑说："老弟，你知道大哥我不是好色之徒，只是，大哥想看新娘是自有道理的，大哥是怕你被一层温情的面纱蒙蔽了双眼，你一旦把狼一样的恶人当新娘娶回家那就是引狼入室后患无穷啊！"

山羊摇了摇头说："大哥，还是不看为好，可是，我可以把新娘的面貌给你描述一下，它的嘴很尖，牙齿很利，毛色是灰色的，眼睛很亮，爪子很有力，体型修长，绝对是个大美人。"

水牛语重心长地说："山羊老弟呀，其实大哥也不是对什么新娘不新娘感兴趣，你看你提倡的和平外交，共同发展自欺欺人的外交战略，你叫大哥如何放心得下？刚才听你的描述，你娶的新娘是一只豺狼无疑，你们会有灭族之灾呀！"

坐在花轿里的新娘听见山羊和水牛的对话，急忙掀开轿帘、扯下盖头一溜烟地跑了。原来，它果然是一只狼。

故事微语

大水牛是个热心的人，它不放心平日里自欺欺人惯了的山羊老弟，怕它找到能够吃掉自己的豺狼虎豹，所以想知道山羊到底娶了什么样的妻子。山羊一心认为自己找了个如花似玉的美人，万般高兴，并没有过多考虑轿子里的新娘是真是假。

自欺欺人不可取，最终蒙骗的只是自己。

如果大水牛不坚持要看轿子里的新娘，后果是难以想象的。想要更加安稳的生活，擦亮双眼，清楚地看待这个世界是十分有必要的。

心灵箴言

虚伪的心不会有坚固的腿。

——[英] 莎士比亚

虚伪的真诚，比魔更可怕。

——[印度] 泰戈尔

虚伪的谦虚，仅能博得庸俗的掌声，而不能求得真正的进步。

——华罗庚

第三篇

培养品质：不要小看能令人信服的资本

拥有良好的品质，才能造就成功的人生。善意的人能够感觉到身边的温暖，播种希望的种子；具备忍耐的品质，能够帮你化解矛盾、融化仇恨；随和地对待身边的人，收获的也是他人的和善；乐观的生活态度让生命变得积极；宽容看待一切，世界会更加广阔……

善良的人散发独特的魅力

故事话题

国外有两则小故事。一则是说，在一场暴风雨过后，有数之不尽的鱼都被卷到一个海滩上，有一个小男孩，他总是将捡到的每一条鱼都送到大海里。为此，他不厌其烦，捡了一条又一条。有一位恰好路过的老人看到后，就对他说："你一天也捡不了几条。"

小男孩一边捡着一边说道："起码我能将可以捡到的鱼送回海里，让它们得以维持生命。"一时间，老人语塞。

还有一则故事是发生在巴西丛林里。有一位猎人正在射杀一只受伤的豹子，他竟然看到这只豹子拖着已经流出肠子的身躯，艰难爬行了大约半个小时的时间，来到两只幼豹面前，喂了孩子们最后一口奶，才倒了下来。

看到这一幕，这位猎人流着眼泪折断了猎枪。

故事解析

如果说，第一个小孩捡鱼的故事讲的是善良的圣洁，那后一个故事中猎人的良心发现也不失为一种“善莫大焉”。

人世间最为宝贵的是什么？对此，法国作家雨果这样说过：“善良是历史中稀有的珍珠，善良的人几乎优于伟大的人。”可见，在世间，活出善良是多么可贵。中国传统文化历来追求一个“善”字，待人处事，强调心存善良、向善之美；与人交往，讲究与人为善、乐善好施；主张独善其身、善心常驻。

故事穿越

一位女士跟老公幸运地订到了票，在年前回婆家过年，上车后，他们发现有位妇人坐在他们的位子上，女士的老公示意她先坐在妇人旁边的位子，却没有请这位女士让位。女士仔细一看，发现妇人的右脚看起来好像有些不方便，才醒悟到老公为何不请她让出位子的原因。

就这样，女士的老公从嘉义一直站到台北，从头到尾都没有要求那位妇人站起来让位，而是自己一路站着。下了车之后，女士心疼老公，就跟他说："让位是善行，但从嘉义到台北这么久，大可中途请她把位子还给你，换你坐一下。"

女士的老公却说："人家不方便一辈子，我们就不方便这 3 个小时而已。"

听到老公这么说，女士顿时感动万分，为有这么一位善良又为善不欲人知的好老公，让她觉得世界都变得温柔许多。

故事微语

美国作家马克·吐温称："善良为一种世界通用的语言，它可以使盲人'看到'、聋子'听到'。"心地善良的人，他们的情是火热的，心是滚烫的，以这样的心态生活，可以驱赶寒冷，横扫阴霾。

善意产生善行，如果你身边都是善良的人，那么你也会受到感染，越来越善良，越来越有智慧。你的情操会变得高尚，灵魂变得纯洁，胸怀更加宽阔。与善良之人相处，不必设防，心底坦然。

只有播种善良，才能收藏希望。一个人，可以没有显赫的家世，让旁人惊羡的容貌，但绝对不能没有一颗善良的心，人一旦离开了善良，人生便因此而搁浅和褪色。因为，善良是生命的黄金！

多一些善良和谦让，宽容和理解，让人们在生活中感受到美好和幸福。这是所有心地善良的人们向往和追求的，也是我们勤劳善良的中华民族所提倡和弘扬的传统美德。善良不是一种愿望，而是一种能力。一种洞察人性中的恶的能力，一种把他人的痛苦完整地理解为痛苦的能力。

善良的表现面很广，不仅仅在言行上。真正的善良存在于念起念灭的倏忽之间。祖祖辈辈以杀人为生的职业刽子手，若是在行刑前想到磨快屠刀，让受刑者少一点死前的痛苦，那一念就是善；普通人在日常生活中见到不幸的人而生比较之心而不是同情之心，那一念就是恶。

心灵箴言

善良的心就是太阳。

——[法] 雨果

一颗好心抵得过黄金。

——[英] 莎士比亚

人之为善，百善而不足。

—— 杨万里

忍耐，很多时候都是智慧的体现

故事话题

韩信是西汉的开国功臣，“汉初三杰”之一，历史上有名的军事家，被后人奉为“兵仙”“战神”。楚汉之人评价他“国士无双，功高无二、略不世出”。考察韩信一生，你就会知道，一个人成长并非总是一帆风顺的，韩信本人就是就是在重重磨难的历练下，才成就了他后来的辉煌。

他少年家贫，空有抱负却一直没有施展机会，他曾在淮阴河畔钓鱼，因饿肚子晕倒在地，一个河畔洗衣的老婆婆看他可怜，省下食物让他充饥。韩信眼含热泪地说：“婆婆，你对我的恩情我不会忘记，将来我会报答您的。”

老婆婆摇摇头，笑道：“你一个堂堂七尺男儿不能照顾好自己，我不忍心看你挨饿，哪里是想获取你的报答呢！

韩信幼时喜兵书，好佩剑，出入街市。淮阴有个高大的汉子嘲笑道：“我整天出街入巷，让人觉得像个军汉，你长得高大，又喜欢佩剑却没见你与人争斗，怕是徒有其表吧？”韩信见围观的人很多，想绕过去，不与其争，可屠夫却挡在他身前，讥讽道：“我是个杀猪的人，不怕死，想与你赌一下，你可以抽出剑来刺死我；如果你不敢，就从我胯下爬过去。”韩信默然良久，从屠夫胯下爬了过去，街道上的人都认为韩信是个胆小怯懦的人。

陈胜吴广起义之后，项梁也渡过淮河北上，韩信就带着自己的宝剑前去投奔项梁，可因他并非贵族，在项梁军中也很难施展抱负。项梁死后，他被纳入项羽麾下，可他给项羽所献的计策都没有被采纳。刘邦入蜀后，他离楚归汉，依旧毫无建树，默默无闻。

韩信就这样一直忍耐着，等待自己的机会，直到后来萧何三次向汉王推荐韩信，正处于极端困境中的刘邦，本着试试看的态度，筑高坛拜韩信为大将。韩信果然不负所望，东出陈仓，收魏、河南，韩、殷王皆降，因辅佐刘邦有功，被封为三齐王，参与逐鹿中原，成为征服天下的英雄。

故事解析

不能忍者，一怒而拔剑杀人，是为莽夫。曾经的胯下之辱，是下位者的潜伏，一旦时机降临，便能翻身崛起。所以善忍者才能大获成功，韩信的一生就是如此。

贵不忍则倾，富不忍则贫。忍是做人的最高智慧，人们往往在“忍”的同时，也是一种能够清醒认识自己的过程。忍还是一种可贵的力量，因为有忍在，就代表是一种责任的支持。能够勇于承担责任的人，大都是具备忍耐力的人。

忍也能使矛盾化解，更能融化仇恨。

佛教讲，忍分为 3 个层次，一为生忍，二为法忍，三为无生法忍。生忍，是人生活在世上，就得心存宽厚，包容万物。包容中，会有和平，有智慧，有宽容。生忍，还有更深的反理，人为了生活在世上，一定的条件下，也得苟且偷生，忍辱负重，以退步、妥协而生忍。

当然，忍耐和妥协都不是懦弱的表现，而是变相的坚强；不是无知，而是博文；不是目光短浅，而是高瞻远瞩。人生的退步，也是一种处世的哲学，在需要退步的时候，就要耐下心来，积攒力量，重新寻找方向，为正确的方向而努力。

有人说：“妥协是一种变通，更是一种至高的境界。”妥协也是一种忍耐，是对过高贪欲的一种舍弃，是让人在顺境中保持节制，在逆境中学会变通，更改自己行为的生活之忍。

有些人生来困苦，为寒来暑往，为吃饭受苦，为读书而受苦，为成家立业劳命奔波苦，为守家而不得自由苦……其中，还有可能遇到一些灾祸，这些都是避免不了的，所以，释然一切，学会忍耐，你的生活才会变得安稳。

故事穿越

有一个年轻人，从学校毕业之后，被分配到了一个海上油田钻井队工作。工作的第一天，他在钻井架下面接受领班分配的任务——将一个包装精美的盒子交给正在钻井架上端的主管。他拿着盒子，迅速地爬上了狭窄的舷梯，当他到达顶层之后，主管只是在盒子上签下了自己的名字，就让他拿着盒子下去，将盒子原封不动地交还给领班。可是没想到，当他飞快地下去，将盒子交给领班之后，领班也同样只是签下了自己的姓名，再次吩咐他将盒子带上去给主管。

年轻人犹豫了片刻，又转身登上舷梯。当他气喘吁吁地跑到顶层之后，主管仍然和之前一样，仅仅是在盒子上签了个名字，就吩咐他继续往回走，将盒子交给领班。年轻人万分不解，但他仍然按照主管的吩咐做了，而在当他回到底层时，一切又是新一次的周而复始……

年轻人终于开始感到愤怒了。他努力忍耐着，面对那狭窄的楼梯，转身抱着盒子，一步一步慢慢地往上爬，汗水从他的脸上往下流淌，浸湿了他的衣服。而他的主管，看着他疲惫的样子，笑了笑，慢条斯理地说："现在可以打开了。"

年轻人如释重负，放下了手中的盒子，如对待至宝一般小心翼翼地打开它，精美的盒子里只有两个咖啡罐子——一盒装满咖啡，另一盒装的是咖啡伴侣。主管看着他，吩咐道："冲一杯咖啡吧。"

年轻人终于承受不了越来越喷涌的怒火，摔下盒子，怒道："我不干了！"

看着盒子在地上翻滚着，他感觉自己的怒火也跟着在逐渐释放。

这时，主管站起来，直视他说："你刚才承受了'极限训练'，因为海上作业风险性很大，队员们必须要有强大的承耐力，只有这样才能完成海上作业任务。很可惜，前面三次你完成得很好，只差最后一点点了，你没有喝到自己冲的甜咖啡。现在，你可以走了。"

故事微语

世间万事，皆有缘由。忍一时之苦，吃一时小亏，也许就与成功相逢了。退是为了进，曲是为了直。没有谁会轻易取得成功，忍耐有时是一个勇敢者的利器。

人生在世，要学会在忍耐中生存，忍一时风平浪静，万事都能过得去。如果事情发展到忍无可忍的时候，我们需要从头再忍……尽量大事化小，小事化了，为的是得到一份清静与淡然。

生活本身就充满了坎坷，而生存必然会经历磨难丛丛，一帆风顺的一生根本就不存在。遇到不满意时，凡事不过于计较才是做人的积极态度。再说，忍也是一种卧薪尝胆，韬光养晦，没有忍耐，恐怕很多事情都不会向成功的方向发展。

忍不是懦弱，更不是自甘堕落，而是寻找机会努力再战的过程。忍，还能为静心思考提供良好的条件。隐忍的人，能够积极反省自己，在努力

中等待时机，聚集勇气，一旦时机成熟，就会一往无前，胜券在握。

有一首《百忍歌》，歌中唱道：“百忍歌，歌百忍，仁者忍人所难忍，智者忍人所不忍。”说的就是：忍是人生的大智慧，因为，没有智慧又何能忍得住呢？

“忍时只笑我痴呆，忍过人自知修省。”能够忍耐的人，往往不怕别人笑话自己，因为他们坚信自己做的事是正确的。忍耐别人的错误，是自己博学的体现，是自身修养的潇洒，是博学修养人格的升华。

心灵箴言

忍耐是一帖利于所有痛苦的膏药。

——[西班牙] 塞万提斯

坚忍是成功的一大因素。只要在门上敲得够久，够大声，终必会把人唤醒的。

——[美] 朗费罗

要是你无法避免，那你的职责就是忍受.如果你命运里注定需要忍受，那么说自己不能忍受就是犯傻。耐心是一切聪明才智的基础。

——[古希腊] 柏拉图

随和的人很容易交到朋友

故事话题

“小姐！你过来！你过来！”顾客高声说：“看看，你们的牛奶是坏的，把一杯红茶都糟蹋了！”

“真对不起！”服务小姐赔不是地笑道：“我立刻给您换一杯。”新红茶很快就准备好了，跟前一杯一样，放着新鲜的柠檬和牛乳。

小姐轻轻放在顾客面前，又轻声地说：“我是不是能建议您：如果放柠檬，就不要加牛奶，因为有时候柠檬酸会造成牛奶结块。”

顾客的脸，一下子红了，匆匆喝完茶，走了出去。

有人笑问服务小姐：“明明是他错了，你为什么不直说呢？他那么粗鲁地叫你，你为什么不还以颜色呢？”

“正是因为他粗鲁，所以要用婉转的方法对待；正因为道理一说就明白，所以用不着大声！”小姐说，“随和一些，可以交到很多朋友，即使他很粗鲁，但是，他也会被感染。”

每个人都点头笑了，对这餐馆增加了许多好感。以后，他们每次见到这位服务员小姐，都想起她“随和”的样子。他们也用自己的眼睛，证明了这位小姐说的话是多么的正确。

故事解析

对于每个青少年来说，都要学会随和地对待身边的每一个人。随和一些，就可以避免很多针锋相对的争吵，就拿故事中的粗鲁的客人来说，如果你比他还横，必然会引起一场风波，导致原本和谐的气氛被搞砸。这是没有必要的。

世界上，我们往往忽视了随和带来的绝妙之处。面对他人的无知，我们不能也以无知来反击，随和对待，用良好的态度来感化他，缓和这个事件，这比强硬地争吵有意义得多。

故事穿越

琳达说："不明白有些人是怎么想的，我想把她当朋友，可她就随便了起来。"

琳达是一家报社的资深女主编。艾莎莉是刚刚毕业不久的特约记者，艾莎莉受琳达管理，因为这里的商家她都不熟，所以，最初时候，她的所有采访都由琳达指派。

艾莎莉在采访时，见证到了琳达的人脉十分广。每次被访问者都会请求艾莎莉向琳达代好，或是直接请艾莎莉转送该公司的小礼物给琳达。

琳达每次都会在艾莎莉面前拆开那些小礼物，琳达为人特别随和，没有那么多事，如果是自己喜欢的就留下，但是大部分的东西都会转手送给艾莎莉，或是其他的同事。

逐渐地，艾莎莉因为琳达的随和性格，有些搞不清楚界限了。她想：反正琳达一般都不会要这些礼物，所以就是不给她带回去她也不会介意。

某次，有厂商要艾莎莉转送一条丝巾给琳达，艾莎莉认为那个花色应该不是琳达喜欢的，就自作主张，将丝巾送给了自己的姑妈。

不料，那个厂商是琳达的老同学，于是特地打电话来问琳达："我从巴黎买的名牌丝巾，你还喜欢吗？"

琳达听得一头雾水，就问艾莎莉。没想到，艾莎莉毫不在乎地、理直气壮地回答："我想你不会喜欢那个花色，我帮你送给我姑妈了。"

这件事使得琳达开始不喜欢艾莎莉了，她觉得艾莎莉做事情没有"度"，将她的随和当成了随便，认为她这样做很不礼貌，虽然表面上她没有表示什么，但再也不愿意请艾莎莉写稿了。

故事微语

随和不是随便。故事中的艾莎莉看着琳达很随和，就自作主张地去处理原本是要给琳达的礼物，这是一种很不尊重琳达的做法，这也导致琳达不再想跟她合作了。

有人说，随和就是顺从众议，不固执己见；有人说，随和就是不斤斤计较，为人和蔼；还有人说，随和其实就是傻，就是老好人，就是没有原则。那么，随和到底是什么？

随和，是一种素质，一种文化，一种心态。随和是淡泊名利时的超然，是曾经沧海后的井然，是狂风暴雨中的坦然。

人要善于随和。即便原则问题，也要平等地和人家交换意见，不闹意气，不存成见，切莫居高临下，杀气腾腾地采取压制人家的态度，那是自己水平不高的表现，很难达到目的，还损害自身形象。

做到随和的人，必定是高瞻远瞩的人，宽宏大度的人，豁达潇洒的人。而胸怀狭窄的人，做不到这点。“难得糊涂”就妙在其中。

在日常工作、生活中，只有随和的人，才能发现周围的真善美，才可以真正享受生活赐予我们的快乐。在随和中，我们可以拥有宽广的胸怀、高瞻远瞩的目光和无与伦比的智慧。

心灵箴言

笑容可掬，焚香操琴。

——罗贯中

和蔼可亲的态度是永远的介绍信。

——[英] 培根

每个人对自己毫不关切的人都能做到永远和蔼可亲。

——[英] 王尔德

乐观是生活中不可或缺的品质

6 故事话题

有一位秀才进京赶考，他在一家旅店住下了。

但是，在开始前两天的一个晚上，他做了3个比较奇怪的梦，他怎么想也想不通这是什么样的预言，于是他去找一个算命先生来解梦。

他做的第一个梦是，一天他竟然爬到自家的墙上去种白菜；第二个梦是天在下雨，他戴了一顶斗笠但是又打了一把伞；第三个梦是梦到了跟自己心爱的姑娘睡在一起，但却是背靠着背的。

那个算命先生听完了他的梦以后说："你不用去参加考试了，你回家吧。"

"为什么呢？"秀才问。

"你自己想想，梦到自己在高墙上种白菜，这不是白费劲吗？梦见自己下雨戴斗笠还打伞这不是多此一举吗？梦见和心爱的姑娘睡在一起，但是却背靠背，这不是没戏吗？"

秀才一听，觉得算命先生说得很有道理，觉得自己这次考试肯定是白费功夫了，于是他感到很沮丧，便来到了旅馆，准备收拾东西回家了。

老板看到他这副模样，便问他："你不是来参加考试的吗？怎么还没有考试呢就收拾东西了？看你这模样，是不是出什么事了？"

秀才就将自己做的3个怪梦告诉了老板。没想到，老板听完哈哈大笑起来，说："我也会解梦啊！但是，我对3个梦的理解和那个算命先生的可不一样。"

秀才问："你是怎么理解的？"

老板说："你想啊，你在墙上种白菜，那不就是'高中'的意思吗？下雨天戴了斗笠还打着伞，这不是有备无患吗？你跟心爱的姑娘睡在一起，虽然是背靠背，但这不说明你翻身的时候到了吗？"

秀才一听，一下子就高兴起来，这一说，自己这次考试就有戏了！他想了想，一定要考这个试！

由于这个秀才一下子乐观起来，精神抖擞，考试时候对答如流，果然中了个探花。

故事解析

同样的 3 个梦，算命先生的解读引导了秀才的思维走向消极，他突然就对自己不自信起来，于是准备收拾包袱回家。但是，老板的全新解读又将他的思维引领到积极乐观的方向上，认为正是自己机会来了才做了这样的梦！

于是，秀才重新下决心考试。最终，考了个探花。可见，乐观地看待一件事情是多么重要！

在青少年的日常生活中，一定会遇到压力或烦恼，于是，思想跟着消极起来……会担心身体不够健康；生活中有各种不满；世上有太多的无奈等，这样，好似生活中实在没有什么事情可以让人高兴。这种怨天尤人的生活态度实在不可取，没有一点益处。

快乐需要追求，开心也是一种能力，如何快乐开心，是大有讲究的。

故事穿越

美国一个年轻的军官，接到了上级的命令被调往一个靠近沙漠的基地，那里人烟稀少，风大缺水，生活环境异常艰苦。他新婚不久的妻子因为不想离开自己的丈夫，也随军来到了这个靠近沙漠的驻地。

接下来的艰苦生活可想而知了，这里夏天高温酷暑，昼夜温差很大，并且当地主要是印第安部落的人，跟他们语言不通，难以交流。刚开始，这位军官的妻子还能忍受这样的环境，可是，过了几个月后，她实在是无法忍受这样的生活了，就给她的母亲写了一封信，述说着这里的非人般的生活，并且还在信中表达了她想回到繁华都市生活的愿望。

没过多久，她的母亲就给她回了一封信，信中说：“从前有两个囚犯，他们被关在同一间牢房里。但是，一个很平静另一个却很烦躁。为什么呢？因为一个从窗户向外看的时候，看到的是满天的星星；一个往外看的时候，看到的则是满地的泥巴。

这位军官的妻子看了母亲的回信后心平静多了，她也试着要找出自己眼中的星星而不是泥巴。从此以后，她改变了怨天尤人的生活态度，积极

走进印第安人的生活，学习他们的各种生活技能，久而久之还迷上了印第安人的文化。”

几年后，她成为印第安文化方面的专家。除此以外，她还认真研读有关星象方面的天文学书籍，并认真观察沙漠地带的星星，出版了许多关于星星的研究书籍，成为星象方面的专家。

故事微语

这位军官的妻子，从一位怨天尤人的人，变成了印第安文化和星象方面的专家，最主要的秘诀就在于她明白了一个道理：不能改变环境，那就改变自己，让自己乐观起来！

走进星星的世界，而不是被泥巴所束缚。其实这对每个人都有着同样的启示，很多时候面对让自己不开心的事情，很多人都选择顺势而下，就这样不开心下去……从而忽视改变自己心境的重要性。

对于青少年来说，心智还没有那么成熟，在遇到困难时，习惯于怨天尤人，看到的便是泥巴。这样一来，很容易心灰意冷、得过且过；而那些可以看到星星的乐观的人，总是能够在困境中看到新的希望，于是，他们便会想方设法去克服困难，即使在逆境中，也会不断前进，最终取得成功。

心灵箴言

乐观的人永葆青春。

——[英] 拜伦

如果人是乐观的，一切都有抵抗，一切都能抵抗，一切都会增强抵抗力。

——瞿秋白

一个人应该：活泼而守纪律，天真而不幼稚，勇敢而不鲁莽，倔强而有原则，热情而不冲动，乐观而不盲目。

——[德] 马克思

学会宽容地对待一切事物

故事话题

2004年8月23日，雅典奥运会男子单杠决赛正在激烈进行。28岁的俄罗斯名将涅莫夫第三个出场，他以连续腾空抓杠的高难度动作征服了全场观众，但在落地的时候，他出现了一个小小的失误——他的右脚向前滑了一步，裁判因此只给他打了较低的9.725分。

这时，奥运史上出现了罕见的一幕：全场观众不停地喊着“涅莫夫”“涅莫夫”，并且全部站了起来，不停地挥舞手臂，用持久而响亮的嘘声，表达自己对裁判的愤怒。

现场一片混乱，比赛被迫中断，第四个出场的美国选手保罗•哈姆虽已准备就绪，却只能尴尬地站在原地。

面对这样的情景，已退场的涅莫夫从座位上站起来，向朝他欢呼的观众挥手致意，并深深地鞠躬感谢他们对自己的喜爱和支持。没想到涅莫夫的大度进一步激发了观众的不满，嘘声更响了，一部分观众甚至伸出双拳，拇指朝下。

面对如此巨大的压力，裁判这个分数不仅未能平息观众的愤怒，反而使嘘声再次响成一片。这时，涅莫夫显示出了他非凡的人格魅力和宽广胸襟。他重新回到赛场，举起右臂向观众致意，并深深地鞠了一躬，表示感谢，接着，他伸出右手食指做出噤声的手势，然后将双手下压，请求和劝慰观众保持冷静，给保罗•哈姆一个安静的比赛环境。

涅莫夫的宽容，让中断了十几分钟的比赛得以继续进行，在那次比赛中，涅莫夫虽然没有拿到金牌，但他仍然是观众心目中的“冠军”。他没有打败对手，但他以自己的宽容征服了所有观众。

故事解析

西德尼·史密斯曾说：“生活中有许多这样的场合：你打算用愤恨去实现的目标，完全可能由宽恕去实现。”

我国也有句古语“欲温温而和畅，不欲察察而明切也”。可解释为应相互宽容，不要专在细枝末节上用心，又自以为明察。宽容不仅是一种雅量、文明、胸怀，更是一种人生的境界。宽容了别人就等于宽容了自己，宽容的同时，也创造了生命的美丽。

宽容大度是黏合剂，能容人就能团结各种人，受人拥戴；心胸狭窄，不能容人，结果必将成为孤家寡人。宽容是不计较，事情过去就算了。每个人都会有错误，如果执著于其过去的错误，就会形成思想包袱。不信任、耿耿于怀、放不开，限制了自己的思维，最终只会限制自己的发展。

故事穿越

阿拉伯著名作家阿里，有一次和吉柏、马沙两位朋友一起去旅行。走到一处山谷时，马沙失足滑落，吉柏拼命拉住他，这才救了他一命。于是马沙在附近大石头上刻下："某年某月某日，吉柏救了马沙一命。"

三人继续走，来到一处河边，吉柏跟马沙因为一件小事争吵起来，一气之下，吉柏打了马沙一耳光，马沙跑到沙滩上，在柔软的泥沙上写下："某年某月某日，吉柏打了马沙一耳光。"多年以后，他们原路返回，走过一处大石头，阿里好奇地问马沙，为什么要把吉柏救他的事刻在石头上，而把吉柏打他的事写在沙滩上？

马沙说："吉柏救了我一命，我永远都不会忘记，就像石头的纹理，不论经历多少风吹雨打、日晒雨淋都不会褪去。他打我的事，就像写在沙滩上的字迹，会随着涨落的潮水被河流慢慢抚平。”

在美国的一个市场里，有一位中国妇女的生意特别好，久而久之，其他摊位上的人都把垃圾往她这里扫，这位中国妇女只是宽厚地笑一笑，从不计较，反而把四周的垃圾都清扫到自己摊位前的角落。旁边的墨西哥妇女观察了她好几天，十分好奇，便忍不住问道：“大家都把垃圾扫到你这里，你为什么不生气？”

中国妇女笑着说：“在家过年的时候，人们都会把垃圾往家里扫，垃圾越多，运气就会越旺。现在每天都有人送好运到我这里，我怎么舍得拒绝呢？你看我的生意不是越来越好了吗？”

从此以后，那些垃圾再也没有出现过。这位中国妇女化恶意为祝福的智慧确实令人惊叹，然而更令人敬佩的却是她那与人为善的宽容的美德。她用智慧宽恕了别人也为自己创造了一个融洽的人际环境。

故事微语

如果我们是马沙的话，被扇一记耳光后，是否还能记得这个人是自己的救命恩人，是否能将这件伤害自尊的“大事”化小，最终把这件“大事”当作一件“小事”来解决呢？

退一步海阔天空，退一步，或许我们就会得到意外的收获。

俗话说“退一步海阔天空”自然她的生意越做越好。如果她不采取这种方式，而是针锋相对，又会怎样呢？结果可想而知。那些睚眦必报的人，是心胸狭小的人；那些言语刻薄的人，最终伤害的还是自己；我们以牙还牙时，我们的牙齿会脱落得更快。

安德鲁·马修斯在他的《宽容之心》中说了这样一句话：“一只脚踩扁了紫罗兰，它却把香味留在那脚跟上，这就是宽恕。”如果人人多一份宽容，到处都会多一份理解，多一份善良，多一份珍重，生活中的各种味道也将化作五彩的乐章。

心灵箴言

最高贵的复仇之道是宽容。

——[法] 雨果

自出洞来无敌手，得饶人处且饶人。

——善棋道人

宽容就像天上的细雨滋润着大地。它赐福于宽容的人，也赐福于被宽容的人。

——[英] 莎士比亚

第四篇

为人公正：一生都要为“增强修为”而努力

人这一辈子，想要活得心安理得，就需要懂得公平地待人做事。做人需要学会行得端、行得正，为人公正，办事公道，不隐瞒自己的观点，不偏袒他人的缺点，只有这样才能够让心平如镜面，让人有口皆碑。

水要端平，人忌偏私

故事话题

在世界商战经典案例中，美国美孚石油公司的一则案例十分有趣。

有一次，犹太人洛克菲勒想在巴容县铺一条与竞争对手平行的油管，但对手已让县议会通过一个“除了已经铺好的油管外，不许其他油管路经巴容县”的议案。

这项决议很明显是不公平的。就在这时，对手还没有在巴容县铺设油管。洛克菲勒不想妥协于不公平，于是，他决心要挑战这一有失公平的决议！

他调集大量人力在一夜之间铺管完毕。

第二天，他来到巴容县议会，告诉议员说：“希望大家到现场参观一下，以判定美孚石油公司的油管是否已经铺好。”

议员们到现场一看，个个呆若木鸡。他们万万没有想到，洛克菲勒凭借超强的洞察力，钻了议案文字上的漏洞，“除了已经铺好的油管外，不许其他油管路经巴容县”的条款，这样反而保护了美孚石油公司。而洛克菲勒则认为，这是公正的力量在迫使他这样做。

故事解析

犹太人的公正观念，是他们商业成功的一种生命剂。他们一边做着生意，一边努力让经商变得公正，这似乎永远是一对矛盾，但犹太人的努力最终让他们成为世界上最适宜经商的一个种族。

犹太商人大都能够背诵《塔木德经》，这本书里记载着这样一个经典案例：

卖主想把 4 斗小麦卖给买主，买主因为现金不够需要过一段时间再付款，如果卖主提出到时候需要支付 1.2 万元，那么《塔木德经》就会判定卖主的要求无效。因为犹太人认为：同一商品设定双重的价格，而这破坏了买卖商品的价格公正原则。

犹太人明白，只有做到公正，才有可能有回头客。你能够做到公正，才能在你遭遇困境的时候，有人愿意帮助你；因为公正，人们才能够大胆地向困难挑战。

犹太人认为：利润就是最大的不公正，真正的公正应该是没有利润。正是对于公正的理解，至今没有一种理念能超过犹太人，也没有一个民族像犹太人那样善于经商，并且利达四海。

想要做到公平，首先需要将心放正，绝对不要让私心无限膨胀，如果本着“唯利是图，见钱眼开”的思想，那就难以做到公平。公平，需要人们坚持民主，不能独断专行，如果唯我独尊，个人做主，那就无法做到公平。

当然，想要公平，还必须懂得主持公道，千万不能偏听偏信，如果有亲有疏，感情用事，那就无法做到公平。

做人需要学会行得端、行得正，为人公开，办事公正，不隐瞒自己的观点，不偏袒他人的缺点，只有这样才能够让心平如镜，让人有口皆碑。

故事穿越

在非洲的一个原始部落，有人发现部落中有人有偷窃行为。于是，德高望重的酋长召集全族的人在一起开个重要会议，会上，酋长说：“为了使我们能够继续保持安宁与和谐的生活，偷窃者一旦被抓住，按照部落的规矩将受到鞭打20下的惩罚。”

没有想到的是，这次会议没有起到任何作用，偷窃者没有听从警告，继续偷别人的东西。酋长不得不再次召集全族的人开会，又一次进行严厉的警告。然而，偷窃者依然置若罔闻，我行我素。酋长第三次召集全族的人开会，忍无可忍地说：“偷窃者一旦被抓住，惩罚将增加到鞭打40下。”

这次会议之后没几天，就有人报告说：“偷窃者已经被捉到了。”这个消息传开，大家都很高兴，有些人更是义愤填膺，大家都要看看这个胆大包天的小偷究竟是谁。

当偷窃者被带出来的时候，大家都惊呆了！谁也没有想到，偷窃者竟然是酋长年老体弱的老母亲！

酋长不想偏私，他沉默一会儿后，用沙哑的近乎耳语的声音说："亲爱的同胞们，为了我们部落的安宁与和谐，我的母亲也不能例外，务必受到鞭打 40 下的惩罚。"

他点头示意，随即母亲身上的袍子被轻轻地脱了下去，这时，身材魁梧的酋长也同母亲一起，脱掉自己身上的袍子，紧贴着母亲的脸颊，轻声耳语，母子俩的泪水潸然而下。他用自己的身体护着母亲的身体，为母亲遮挡鞭打的惩罚。

故事微语

首长是个没有偏私的人，他的母亲几经警告，依旧行窃，最终被抓获。但是，首长本着“君子犯法与庶民同罪”的思想，责罚了母亲。然而，考虑到母亲是自己最亲近的人，他又不忍心母亲单独受罚，便脱去袍子，同母亲一同受罚。

公者无私之谓也，平者无偏之谓也。公与平者，理国要道。在公平的世界里，在法规与制度面前，只有人中人，而没有“人上人”或“人下人”。

人这一辈子，想要活得心安理得，就需要懂得公平地待人做事。有些人，因为自己有权有势就徇私舞弊，这样的行为必然有失公平，你若获利那么别人吃亏，这种做法显然是不道德了，长此以往，即使有再大权势，也不过是水中月、镜中花，虚无缥缈。

心灵箴言

力量来自公正。

——[美] 林肯

公其心，万善出。

——方孝孺

平出于公，公出于道。

——吕不韦

不因利益的趋使而丧失公正

故事话题

明朝有个人叫周新，担任司法按察使。

一天，有人给他送来一只烤鹅，他坚决不收，但是，送礼的人在递出烤鹅后就抢先出门走了。周新想了想，便叫家人把烤鹅挂在屋子后面。告诉家中所有的人，以后凡是送礼的人，都要让家人领着他们去看那只已经风干的烤鹅。大家知道了这件事情以后，再也没有人自讨没趣了。

新中国时期有一位领袖，每餐一荤一素，吃剩的饭菜绝对不会倒掉，而是留下来下一顿再吃，从不浪费。他没有凭借身居高位而享受过多优待，反而，他和人民一样都过着省吃俭用的生活。

故事解析

人生在世，难免会遇到利益的驱使，从而萌发去做一些有失公正的事情的思想。然而，如果你真的这样做了，人格就会因此而变得迂腐起来，这样的人，很难有大作为。

在人与人之间的相互关系中，最幸福、最重要的莫过于公正、诚意和廉洁。如果每个人都能做到一身正气，为官一尘不染，那么，天下必然和谐太平。

公正廉洁，就是不贪污腐化，不损公肥私，不奢侈浪费，不贪赃枉法。公正廉洁，是中华民族的传统美德。翻开漫漫历史长卷，我们不难看到：凡是清正廉洁，务实为民的人，总会受到百姓的崇敬与爱戴。如唐朝的魏徵，刚正清廉，千百年来家喻户晓，妇孺皆知。还有很多和他一样的历史人物，都被人民传唱至今……

当今社会，仍有许许多多的清正之人，他们刚正不阿、坚持原则，他们想要当人民的好公仆……古往今来，公正廉洁一直是我们奉行的美德。

故事穿越

从前，有两兄弟，一个是穷人，一个是富人。一次，穷兄弟没柴了，他没有办法生炉子了，这样一来，他的屋子里冷得要命。

他到树林里砍了一些柴，但是没有马车帮他拉到家里，他想，不如去哥哥那里借一匹马吧！

哥哥很富裕，看到穷弟弟后，冷冰冰地对他说："马你可以借去，只是得注意，别装太重的东西。还有，以后可别再指望我了，别今天来借一点，明天又来借一点。往后你自己去乞讨吧。"

穷人把马牵回家，忽然想起："对了，有了马，可是，我没有马轭呀！刚才忘了借了，如果这时候再去借，哥哥也不会借的！"

于是，他凑合着把装满柴的雪橇紧紧绑在这匹马的尾巴上，然后拉着往家走。在回家的路上，雪橇绊在一个树墩上，穷人没有注意到，还轻轻抽了马一鞭子。这匹马的性子很烈，本来东西就不能拴在马尾巴上的！马显然是生气了，猛地往前一冲，结果把马尾巴拉断了。

富哥哥发现自己的马尾巴没了，便大吵大骂起来："你把马弄残废了！这回我可饶不了你！"

哥哥去法院控告了弟弟。过了一段时间，哥儿俩被传讯到城里的法庭上。他们一同走在去法庭的路上，穷人想：我从来没打过官司，但是听说过一句谚语，弱者别同强者斗，穷人别同富人上法院。法院定会判我罪的。

这时候，正巧他们要经过一座桥，桥上没有栏杆，弟弟使了一计，故意滑了一下，从桥上摔了下去。这时，正好一个商人驾着雪橇从桥下面的冰上驶过，雪橇上拉着一个老头，正是那商人的父亲，要去找医生看病。而穷人摔下时正好落到雪橇上，把老头砸死了。他自己却安然无恙。

商人揪住穷人嚷嚷道：“咱们上法院！”

于是就有了3个人一同去法院——一个穷人，一个富人，一个商人。

穷人非常忧愁，自言自语道：“这样一来，准会判我的罪了。”

突然，他发现路上有一块沉甸甸的石头，他抓起石头，用一块破布包好，揣到怀里。心想：“多犯少犯，反正免不了查办。如果法官判得不符合我的心意的话，我就连法官一起打死算了。”

他们来到法院。这下子旧案又加上了新案。法官开庭审判问罪。

穷人眼盯着法官，从怀里掏出石头布包，低声对法官说：“法官呀，你审判，不过请你先往这儿看！”

他这样一遍又一遍地说，一共说了3遍。法官终于看见了，他想：“这乡巴佬拿给我的难道是一袋金子？”

他再瞧了一眼，“嚯！”贿赂可真不少！这么一大袋子！就算是银子的话，那也够值钱的了。

于是，他判决没有尾巴的马暂由穷弟弟照管，直到马尾巴长出来为止。

接着对商人说：“此人撞死你的父亲，因此，让他也站到那座桥下面的冰上，你也从桥上跳到他身上，像他撞死你父亲那样，把他撞死。”

审判到此结束。

富哥哥说：“那就算了，这样吧，你把没尾巴的马还我得了。”

“得了吧，哥哥！就照法官的判决办吧。我把你的马照管到长出尾巴来为止。”

富哥哥开始劝说他：“你还我马，我给你 30 卢布。”

“那好，拿钱来吧。”

富哥哥如数给他 30 卢布，他们就此了结。

这时商人也开始央求：“乡巴佬，你听着，我饶恕了你的罪过，反正我父亲也不会再活过来了。”

“不行，咱们还是去吧。既然法官已作出判决，那你还是从桥上跳到我身上来吧。”

“我也不打算要你的命，咱们和解吧。我给你 100 个卢布。”商人恳求道。

穷人又从商人手中得到 100 卢布。他刚想走，法官悄悄把他招呼到跟前，说：“喂，你把答应给的东西拿来吧。”

穷人从怀中掏出布包，解开破布，把石头露给法官看：“这就是我几次给你看的那东西，我对你说，‘法官，法官，由你判，不过请你先朝这里看。’如果你判了我的罪，我就要打死你。”

“哎哟，真幸运，”法官想，“幸亏我判的符合这个乡巴佬的心意，不然，我也没命了。”

穷人兴高采烈，哼着歌儿回家去了。

故事微语

穷人准备一布兜的石头，想到自己肯定不占理，必然会被判有罪，于是心怀不轨，想要置法官于死地。没想到，法官以为穷人给他准备了一袋金子，于是想要徇私枉法，包庇穷人。这个故事非常讽刺，最终穷人无罪释放，还得到130卢布。这就是丧失公正的后果。

一个有社会影响的人如果能做到公正，即使不十全十美，也能够生前扬名四海，死后流芳百世。而事实上要做到公正是很不容易的。人们不仅对秦始皇、武则天毁誉参半，就是对“贞观之治”或“康乾盛世”的所谓明君也是说法不一。事实和时间是检验一个人是否公正的试金石和分水岭。

所以，评价一个人需要看那个人的大方向和主流，这个大方向和主流就是为人是否公正，处事是否公平。水是最平的，如果有一点倾斜，水就要溢出去。做人也是一样的，如果为人不公正，办事不公平，也是自毁其身的做法。

心灵箴言

心苟至公，人将大同。

——姚崇

甘露时雨，不私一物。

——吕不韦

公之为言，公正无私也。

——班固

努力做到摆正自己的位置

故事话题

在寺庙里，和尚们分别养了一头驴和一只哈巴狗。驴被关在栏里，整日倒是不愁温饱，但每天或者要去磨坊里拉磨，或者要去树林里驮木材，工作十分繁重。而哈巴狗因为会演很多小把戏，深得和尚们的欢心，所以，每天都能得到好吃的奖励。

驴在工作之余，难免有怨言，总抱怨命运对自己不公平。

这一天，机会终于来了，驴挣脱了缰绳，一下跑进小和尚的禅房，它也学着像哈巴狗那样围着小和尚跳舞，它又蹬又踢，不仅撞翻了桌子，还将佛像摔得粉碎。

即使场面已经狼狈不堪，驴还觉得不够，它居然趴到小和尚的身上去舔他的脸。这下可把小和尚吓坏了，直喊救命。大家听到喊叫急忙赶到，此时，驴却得意地在角落里等着奖赏呢，却万万没想到挨了一顿臭揍，又被重新关进栏内。

佛

故事解析

待人接物要摆正自己的位置，不要像故事中的驴子一样，没有认清自己的存在价值，认为哈巴狗的生活很滋润，觉得自己也能够做到哈巴狗那样，从而摆脱繁重的工作。但是，它没有想到，自己根本不是哈巴狗，又怎么能够以狗的方式来博取爱怜呢?

“人贵有自知之明”，要正确地认识自己不是件容易的事情，因为“不知庐山真面目，只缘身在此山中”。自己是个什么样的人，往往自己看不明白更说不清楚，然而，这并不重要，你可以通过他人的帮助，来对自己做出公正的评价。

摆正自己的位置，就能得到他人的认可和赞赏，受到他人的青睐和喜欢，这是很荣幸的事情。越是在这个时候越需要保持清醒的头脑，谦虚谨慎，查找自己身上存在的不足，继续发扬成绩，努力克服缺点或错误，永远做一个被他人拥护的人。

要做到客观地评价自己，必须把自己的位置放得低些再低些，绝不能眼光过高。因为站在不同的角度或高度去看一个人，包括看自己都会有截然不同的认识。同时，还要学会坦然承认自己身上存在的缺点和错误，提示他人不要只看到自己的优点，更要看到自己也有许多不足之处，更有许多不尽人意的地方，这才是客观公正地认识自己。

故事穿越

有个农场养了一只雄伟壮观的公鸡，每天它都会准时报晓，为了感谢公鸡的辛劳，主人每天清晨总要撒一把黄豆犒赏公鸡。有一天，主人又撒下一大把黄豆，公鸡居然撇着嘴不吃了。主人觉得很奇怪，问它为什么不吃？

公鸡抬着头高傲地说：“你不能老是让我吃这些便宜货。天是我叫亮的，没有我，你耕种就会迟到，就会延误最好的时机，就会没有收获。如果你没有收获，你就只有饿死。换句话说，我是你的救命恩人，你应该把最好的东西给我吃。”

主人没有争辩，当天夜里他就用一段麻线将公鸡那尖尖的嘴巴牢牢地扎住了。

第二天清晨，主人照例起床，拿起农具要下田，路过鸡舍门口时，他对公鸡说：“真奇怪，今天你没有报晓，天怎么还是亮了呢？”

公鸡羞得面红耳赤，再也不敢“居功自傲”了。

故事微语

透过这只“羞得面红耳赤，不敢做声的公鸡”，足够引人深思。在任何时候，都切莫忽视对别人的付出与帮助，而不是因为奉献出一点点就居功自傲，失去自知之明。

摆正自己的位置，做人谦逊一些，别人自然不会忘记你的功劳。这个世界离开了谁，也都会照样转的。这个世界太大了，芸芸众生中，每个人都不过是沧海一粟！想想北宋文人苏东坡因反对王安石变法，被贬至黄州，在黄州先后写了两篇《赤壁赋》，感叹世事的变化，当年声势浩大的曹操大军在赤壁战败，人就是历史大海中的一粒粟米，微乎其微。

把心放平，才会活得坦然，想要生活变得更加舒畅，活得快乐和安静，真实与自然，首先要清楚自己就是一个平凡的人，再普通不过。

我们可能春风得意，也可能坎坷不平，不管道路如何，都要坚持走下去。这样，再平凡的生活也会感受到荣耀。我们要直面公平与不公平，以平和的心态去面对，要知道世界就是这样，我们无法去选择，也无力去改变。

我们置身其中，更多是适应，在这样一个世界里，把心放平，把心放轻，平静地面对，不管怎样，少一些无奈与感慨，多一份从容和淡然，正如一句诗：宠辱不惊，闲看庭前花开花落；去留无意，且望天上云卷云舒。

任何人都没必要自命不凡，心高自大，更不需要因为一点不满就怨天尤人。保持一颗平常心，不要有那么多奢望，放下心里的包袱，做一个平常人，会轻松得多，快乐得多。

心灵箴言

自知者为明。

——韩愈

自知者英，自胜者雄。

——王通

人贵自知；有自知之明后，才能量力而为，把自己的力量发挥在最有效用的地方。

——席绢

保持清醒的头脑，知道有所不为

故事话题

有3个年轻人在一个小镇上看到一支送葬的队伍。他们打听到死者原来是他们的两位朋友：一位叫“友谊”，一位叫“快乐”，他俩被一个外号叫“死亡”的人谋杀了。三位中，一位年龄最小的人对他的两个朋友说：“这个外号叫‘死亡’的家伙到底是谁？咱们一起去找他，为咱们的朋友报仇！”

半路上，他们遇上了许多神色极为慌张的人，其中一位老太太告诉他们，“死亡”正在追赶他们，必须赶快逃走，否则就会被杀害。并劝其他人也一起逃走，如果遇上“死亡”便没命了。他们告诉老太太，他们就是来杀“死亡”的。在他们的再三要求下，老太太告诉他们，“死亡”就在小村子后面那座山的山顶上的一颗老橡树下。

他们三人兴奋地向山顶走去，并拿出随身携带的尖刀，随时准备捕杀“死亡”。但是，出乎意料的是，当他们高度戒备地来到那棵老橡树下时，没有看到想象中的面目狰狞的“死亡”，却发现了一箱子金光闪闪的金币。他们马上丢下尖刀，欣喜若狂地数起金币来，把寻找“死亡”的事情忘得一干二净了。

那个领头的年轻人说：“我们必须守住这些金币，否则就会被认为是偷来的而被送进监狱。这样吧，我们来抽签，谁的签最短，谁就去镇上买吃的，另外两个人留下来守住这些金币，明天我们就把金币分了然后各奔东西。”

最年轻的人抽到了最短的那支签，他拿着几块金币去镇上买吃的去了。

两个守金币的人各怀鬼胎，最后他俩想出一个共同的计划：等他们的朋友带着吃的回来时，把他杀掉，然后吃掉食物，再把本该分成三份的金币分成两份。

那个买吃的的年轻人走进小镇，便想：如果在这些食物里放进毒药的话，那些金币就可以归我所有了！于是，他先吃饱，然后在食物和饮料里分别放入了一种无色无味的烈性毒药，晚上带着食物回来了。怎料，他刚一回来，就被那两个人杀了。

那两个人吃掉食物，没一会也被毒死了。

故事解析

保持头脑清醒，知道什么该做，什么不该做，才是人活着的根本。故事中的3个人，因为被贪婪冲昏了头脑，最终死于自己的手下，令人瞠目。

做人最基本的一项原则就是有所为有所不为，人们可以做的事情有很多，但损人不利己的事情，不管在什么情况下都是不应该做的。如果你为了一己私利，做了有违道德的事情，那么想必你会因此而逐渐失去坦荡做人的素质。

故事穿越

从前，在靠近原始森林的一个牧场上生活着3头肥壮的公牛，它们形影不离总是在一起吃草，一起至河边喝水，一起睡在牧场。有一头狮子早就对这3头牛垂涎三尺了，但它始终没有下手的机会，因为3头公牛从不分离。最后，狮子想出了一个主意：离间3头公牛之间的感情，然后再一个个地对付。一头公牛远离了它的两个伙伴，独自在森林边缘吃草。狮子慢慢地走上前，主动和它打招呼："朋友，听着！你要留心你的两个伙伴，因为我听说它俩为了独占草地要干掉你。你瞧，它们在窃窃私语，而且还不时瞅你一眼，生怕你听到了。"

愚蠢的公牛转过它那笨重的大脑袋，果然看见它的两个伙伴在咬耳朵，一下子便轻信了狮子的话。打那以后，这头公牛和自己的伙伴离得愈来愈远了。几天以后，狮子又用同样的诡计在第二头牛面前搬弄是非。结果那头公牛也相信了狮子的挑拨，渐渐地也离开了自己的伙伴。就这样，过去曾经亲密无间的3头公牛，现在却形同陌路再也不团结了，相互离得远远的，去小河喝水的时间也错开了。甚至连晚上躺在树底下睡觉时也尽量离得很远。

狮子的计谋终于得逞，它高兴极了。

一天，狮子突然从密林中奔出来扑向一头公牛，咬断了它的脖子。而另外两头在远处分分散吃草的公牛眼睁睁地望着狮子吞食了自己的伙伴，只想着那是它应得的报应。第二天，狮子吃掉了另一头公牛。

第三天，最后一头公牛也成了狮子口中的美食。

故事微语

青少年朋友们，朋友之间要相互信任相互团结，并且有什么事要学会沟通。因为只有这样相互间才不会有隔阂，也才能保护自己，不给敌人可乘之机。

这3头公牛显然都很糊涂，他们轻信狮子的挑拨，对同类的朋友失去信任之心，最终死于自己并不清醒的头脑之下。

心灵箴言

清醒之时心里事，沉醉之时口中言。

——[英] 约·黎里

从梦幻中清醒过来是多大的幸福呀！

——[法] 雨果

勤勉能使我们保持身体健康，头脑清醒，内心完美，钱包丰富。

——[英] 塞蒙兹

不自私，懂得为他人着想

故事话题

从前，山谷里居住着一只小白兔和一只小灰兔，它们是邻居，两家的距离还没有超过 1 米，是两个隐蔽的洞穴，它们的门口都有一丛茂盛的野草，作为隐蔽。

一年夏天，连续好几天下暴雨，兔子们无法外出觅食。

傍晚，小白兔真是饿极了，它想去将门口的野草吃掉，可它的妈妈早就告诉过它自己门口的野草不能吃，如果吃了，猎人就会找上门来的！

于是小白兔就跳到小灰兔家门口，把小灰兔家门口的叶子吃了个精光。饱食一顿的小白兔，回到家伸了个懒腰，然后进入了甜蜜的梦乡。

第二天早上，饿得筋疲力尽的小灰兔好不容易爬出家门，却看见家门口茂盛的野草荡然无存了！但是，在小白兔的家门前，野草一棵未少。它马上就断定是小白兔把他家门口的草给吃光了！于是，一气之下，它也将小白兔家门口的草都吃光了。

不一会，一位猎人经过这儿，一眼就发现了兔子的洞穴。两只兔子就被擒获了。

故事解析

小白兔是个自私的兔子，它明明知道家门口的草如果被吃掉，就会引来杀身之祸，但它将目光转向小灰兔的家门口，将别人家门口的草吃个精光，这个作为实在不磊落。而小灰兔也如出一辙，吃掉了小白兔家门口的草……这样一来，两个兔子窝直接暴露在外面，猎人一经过，就直接探囊取物了。

一切能激发生机的思想都是美好的。敌人只有一个，那就是自私，它能使生命的泉水变得浑浊而枯竭，它能使心灵的天空变得狭窄而阴暗，它能使理想的星辰变得昏暗而模糊。努力激发你心中的光明和力量，激发那无私的爱和奉献的喜悦。

故事穿越

越南战争中，一个美国士兵在打完仗后，回到期待已久的家园，他在旧金山旅馆里辗转反侧，夜不能寐。午夜，他想了很久，还是决定给家中的父母打一个电话。

"爸爸，妈妈，我要回家了。但是我要你们帮一个忙，我要带一个朋友一起回来。"

"当然可以。"父母亲回答说。"我们见到他会很高兴的。"

"但是，有件事一定要告诉你们，他在那场可恶的战争中踩响了一颗地雷，受了重伤，他成了残疾人，少了一条腿和一只手。他已无处可去，我希望他能和我们住在一起。"

"我们为他感到遗憾，孩子，我们帮他另找一个地方住下，好吗？"

"不，他只能和我们住在一起。"

"孩子，你不知道，这样他会给我们造成多大的拖累，我们有我们的生活。孩子，你自己一个人回家来吧。他会有活路的。”话没说完，儿子的电话就挂断了。

父母在家等了许多天，都没有见到儿子回来。过了一个星期，他们接到警察局打来的电话，原来，他们的儿子坠楼自杀了。悲痛欲绝的父母以最快的速度飞到旧金山，在停尸房内，他们认出了他们的儿子。

然而，他们惊愕地发现：他们的儿子少了一条腿和一只手。

故事微语

自杀的士兵，害怕成为父母的累赘，不敢以残缺的身体面对父母，而是选择打个电话试探父母是怎么看待他已经残疾的这件事情。而他的父母，一听到儿子要带回一个残疾战友来，马上表示不同意，并认为他会拖累全家人的生活。然而，就是父母这样一个自私的行为，最终导致儿子选择了自杀。

私欲谁都会有，但要能够掌握好分寸。那种不劳而获，侵占他人成果，用大家的汗水往自己脸上贴金的人，就不仅仅是一般的自私而是等同于小偷或强盗。

不要做自私的人，你的世界会更加博大。要知道，越自私的人越懂得伪装自己，伪装的行为，只是自己累自己罢了。

心灵箴言

君子喻于义，小人喻于利。

——孔子

自私自利之心，是立人达人之障。

—— 吕坤

人人好公，则天下太平；人人营私，则天下大乱。

——刘鹗

第五篇

成熟做事：内心成熟，路才能越走越远

成熟是一种深刻的生命进程，是自身的不断更新和不断完善，是思想的升华、生命的超然。每个人都需要成长，逐渐变得成熟。成熟是一个标志，成熟能够帮助你跨越自己目前的成就，走出自我限制，勇于接受挑战，不断充实自我，这样的你，一定会发展得比想象中更好。

做一个拥有礼节的人

故事话题

丰子恺是我国近代漫画、美术、音乐的奠基人之一，自小深受李叔同的影响，对礼仪、气节尤其注重。丰子恺认为，对人的教育应该从儿时抓起，这也就是为什么丰子恺后来投身于儿童现实主义漫画之中。

当然，丰子恺不会忽略对自己的孩子的教育，尤其是反映自身素质的礼仪教育。

当时，丰子恺已非常出名，家里经常有客人。每当家里来客人的时候，作为父亲的他，总是耐心地对孩子们说："客人来了，要敬热茶而且一定要双手捧上，不能用清水招待，要主动给客人倒茶、添饭，就好像是皇上给臣子赏赐。如果用一只手给客人端茶送饭，就像对乞丐布施，也像是父母给孩子喝水、吃饭。"

这些礼仪，都深深地印在孩子们的心里。

有一次，丰子恺在一家饭店里宴请一位远道而来的朋友时，把几个十多岁的孩子也带了去作陪。孩子们吃饭时，还算有礼貌，守规矩。可当孩子们吃完饭，他们之中就有人嘟囔着想先回家。

父亲听到了，也不好意思大声制止，只好悄悄地告诉他们不能急着回家。事后，丰子恺对孩子们说："我们家请客，我们全家人都是主人，你们们几个小孩子也是主人。主人比客人先走，那是对客人不尊敬。就好像嫌人家客人吃得多，这很不好。"

孩子们听了，都很懂事地点头。

丰子恺的儿子丰陈宝，小时候是一个听话而又守规矩的人，但就是有一点，特别害怕见生人。因此，常常在客人面前不知所措，显得不大懂礼貌。丰子恺觉得，小陈宝之所以这样，可能是因为他平时很少接触生人，缺乏见识和这方面的锻炼。于是，他就利用一些外出的机会，带着小陈宝出去见世面。

一次，丰子恺到上海为开明书店做一些编辑工作，把小陈宝也带去了。那时，小陈宝十三四岁，已经能帮着抄抄写写，剪剪贴贴。带上他，一方面是为了有机会让他打下手；另一方面，也考虑给他一个接触生人的机会。

有一次，来了一位小陈宝不认识的客人。客人跟父亲说完话，要告辞的时候，看到了小陈宝，转过身来就与小陈宝热情地打招呼。小陈宝可好，竟没有任何反应，傻呆呆地站在那里，像个木头人似的。

送走了客人，父亲责备陈宝说："刚才，那位叔叔跟你打招呼告别，你怎么不理睬？客人向你问好，你也要向客人问好；客人跟你说再见，你也要说再见，以后要记住！"

故事解析

丰子恺这种潜移默化的教育比如今功利式的礼仪教育更加深入，从潜意识中培养了孩子们民族的礼仪与气质，也就是中国传统的侠客风骨与士大夫情结，这也就使得他的孩子们能在人群中脱颖而出。

礼仪是人类为维系社会正常生活而要求人们共同遵守的最起码的道德规范，它是人们在长期共同生活和相互交往中逐渐形成，并且以风俗、习惯和传统等方式固定下来的。

我国是世界著名的礼仪之邦，我们应该从小培养自己的言行举止，处处留心掌握生活中的礼仪，只有讲文明懂礼仪，社会才会树起新风，我们才会成为人人夸赞的优秀青少年。

故事穿越

黄石公是中国古代军事思想的大师级人物，他又为何偏偏选中了张良来继承自己毕生所学呢？张良的雄心抱负与他的聪明刻苦当然是条件之一，但仅凭这些，黄石公还是不会收他为徒的，关键就在于张良的礼仪道德。换句话来说，便是张良的士大夫情结。

张良的拜师过程充满了传奇的色彩。

有一天他到下邳桥上散步，碰到一个奇怪的老人，穿着粗布短衣，走到张良旁边，故意去把他的鞋子丢到桥下。然后回过头来冲着张良说：说："小子，下桥给我把鞋子拾上来！"张良听了一愣，很不情愿，但一看他是个老人，就强忍着怒气，到桥下把鞋子捡了上来。

可没想到，那老人竟又命令说："把鞋子给我穿上！"

当时张良就想揍他，可又一想，既然已经给他拾来了鞋子，不如就给他穿上吧！于是，就无奈地给老者穿上了鞋。那老人把脚伸着，让张良给他穿好后，就乐呵呵地走了。

张良一直用惊奇的目光注视着他的去向。那老人走了一段路又折回身来，对张良说："孺子可教矣，5 天以后的早上，天一亮，你就到这里来同我会面。"

张良跪下来说："是。"

第 5 天天刚亮，张良到了下邳桥上。不料那老人已经等在那里了，见了张良就生气地说："和老人约会，怎么迟到了？5 天后早上再来见面。"

说完就离去了。

到了第五天早上，鸡鸣时分，张良就赶去了，可是那老人又等在那里了，见了张良又生气地说："怎么又落在我后面了？过 5 天再早点来！"

说完又走了。就这样又过了五天，没到半夜张良就赶到了桥上。等了很长时间，那老人才来。他高兴地说："这样才好。"张良经受住了考验，其至诚和隐忍精神感动了老者，于是送给他一本书，说："读此书则可为王者师，10 年后天下大乱，你可用此书兴邦立国；13 年后再来见我。"

说罢，扬长而去。这位老人就是传说中的神秘人物：隐身岩穴的高士黄石公，亦称"圯上老人"。

天亮时，张良拿出那本书来一看，原来是《太公兵法》(辅佐周武王伐纣的姜太公的兵书)。

10 年过后，正如黄石公所说，陈涉起义，诸侯纷纷应从，天下大乱。张良亦起兵反秦，终而投于刘邦麾下，助其成就霸业，而得以分封裂土，荫泽子孙。

故事微语

孟德斯鸠说过："礼貌使有礼貌的人喜悦，也使那些受人以礼貌相待的人们喜悦。"

礼貌是我们最容易做到的事，同时也是最珍贵的东西，有时我们感觉就要坚持不住时就会产生一种想法——抛弃礼仪，抛弃道德。为何不像张良那样呢？

不去理会别人怎么样，把自己该做的该遵守的做到了，不仅彰显了自己的礼仪修身，还有可能得到意想不到的结果……

心灵箴言

良好的礼貌是由微小的牺牲组成。

——[美] 爱默生

礼貌周全不花钱，却比什么都值钱。

——[西班牙] 塞万提斯

礼貌使有礼貌的人喜悦，也使那些受人以礼貌相待的人们喜悦。

——[法] 孟德斯鸠

责任是压力，更是一种动力

6 故事话题

法里斯在少年时期，总是在父亲工作的地方帮忙，他曾碰到过这样一位难缠的老太太。每当法里斯把老太太的车清理好时，她都要反复细检查，然后挑出不满意的地方，让法里斯重新打扫，直到她满意为止。

后来，法里斯实在受不了了，便拒绝为这个老太太服务。

他的父亲得知法里斯的行为，严肃地告诫他说："孩子，记住，这是你的责任！不管顾客说什么或做什么，你都要做好你的工作。"

从那以后，无论做什么，法里斯都保持着高度的责任感。后来他成为美国的独立企业联盟主席。

还有一个叫弗雷德的普通邮差，他负责为小区的住户收、送邮件。他听说小区里有一位叫桑布恩先生的职业演说家。这位桑先生一年有 160 天到 200 天都在外出差，于是他向桑先生索要一份全年行程表。桑先生很奇怪，问："您有什么用?"

他回说："以便您不在家时，我暂时代为保管您的信件，等您回来再送给您。"

这让桑先生很吃惊！因为他从未碰到过这样的邮差。桑先生回答道："没必要这么麻烦，把信放进信箱就好了，我回来再取也是一样的。"

弗雷德解释说："窃贼经常会窥探住户的邮箱，如果发现是满的，就表明主人不在家，那住户的家就可能要遭遇窃贼了。"

弗雷德想了想，又接着说："这样吧，只要邮箱的盖子还能盖上，我就把信放到里面。塞不进邮箱的邮件，则搁在房门和屏栅门之间。如果那里也放满了，我把其他的信留着，等您回来。"

故事解析

永远不要忘记自己的使命，对人对事保持一种高度认真负责的态度，生活就不会亏待我们。无论做什么工作，都要有一种敬业精神。弗雷德是职业化的典范，他身上体现了真正的敬业精神．他真正做到了“以此为生，精于此道”。

人类道德的基点便是责任感。一个人责任心有多大，人生的舞台就有多大。有责任心的人，就能成为一个好人，成为一个对人民有用的人，自己也就有一个金色的人生。

作为社会的人，不可能脱离责任而生存。讲责任，体现着生活的价值，映照着人生的意义。“你要欣赏自己的价值，就得给世界增加价值。”

逃避责任、坐享其成，这样的人生没有什么价值。相反，勇敢地担负起自己的责任，人生才会充实，生活才有意义。

故事穿越

弗兰克是20世纪初的一位美籍意大利移民，他曾为人类精神历史写下灿烂光辉的一笔。

弗兰克最早用艰苦的积蓄开办了一家小银行。但不幸的是，银行遭到抢劫，导致他破了产，储户也因此失去了存款。

当他带着妻子和4个儿女从头开始的时候，他决定偿还那笔天文数字般的存款。所有的人都劝他：“你为什么要这样做呢？这件事你是没有责任的。”

但他回答：“是的，在法律上也许我没有责任，但在道义上，我有责任，我应该还钱。”

偿还的代价是30年的艰苦生活，在寄出最后一笔“债务”时，他轻叹：“现在我终于无债一身轻了。”

故事微语

法兰克用一生的辛酸和汗水完成了他的责任，并给世界留下了一笔真正的财富。

责任是高尚的、美好的，更是值得赞美的！任何人都有义务在生活中营造这样一种风气和氛围。

负责任光荣，不负责任可耻。一个时代有一个时代的使命，一代人有一代人的责任。历史的接力棒已经传到我们手中。责任感，可以让我们的人生之路变得平坦开阔，有责任感的人更懂得去理解他人。此外，责任感给了我们力量去战胜困难、抵制诱惑、奋斗不息，让我们有力量去成为诚实、仁慈和真实的人。

播种责任，还能收获信誉。

责任心是金，花有果的责任，云有雨的责任，太阳有光明的责任。世界上万事万物，都有自己的责任。我们每个人，除了要对自己负责，还要承担对父母、对子女、对我们家庭和社会的责任，应该时刻记着要努力做一个有责任感的人。

心灵箴言

责任就是对自己要求去做的事情有一种爱。

——[德] 歌德

每个人应该有这样的信心：人所能负的责任，我必能负；人所不能负的责任，我亦能负。

——[美] 林肯

每个人都被生命询问，而他只有用自己的生命才能回答此问题；只有以“负责”来答复生命。因此，“能够负责”是人类存在最重要的本质。

——[英] 维克多·费兰克

成熟，让人变得愈加坚强

6 故事话题

有一天，龙虾与寄居蟹在深海中相遇，寄居蟹看见龙虾正努力将自己的硬壳慢慢蜕掉，然后露出娇嫩的身躯。于是，寄居蟹感到十分紧张，它说：“龙虾，你怎可以把唯一保护自己身躯的硬壳也放弃呢？难道你不怕有大鱼一口把你吃掉吗？以你现在的情况来看，连急流也会把你冲到岩石上去，到时你不死才怪呢！”

龙虾却没有一丝慌张，它气定神闲地回答：“谢谢你的关心，但是你不了解，我们龙虾每次成长，都必须先脱掉旧壳，才能生长出更坚固的外壳，现在面对危险，只是为了将来发展得更好而的出准备。”

寄居蟹仔细想了想，自己整天都去找能够避居的地方，却从来没有想过如何令自己成长得更强壮，这种只活在他人护荫之下的生活方式，难怪永远都限制自己的发展。

故事解析

每个人都需要成长，逐渐变得成熟。成熟是一个标志，成熟能够帮助你跨越自己目前的成就，走出自我限制，勇于接受挑战，不断充实自我，这样的你，一定会发展得比想象中更好。

成熟还是生命的一种高度，人们往往喜欢追求成熟的境界。成熟是一种深刻的生命进程，是自身的不断更新和不断完善，是思想的升华、生命的超然。

成熟不是老于世故和故作深沉。人可能在岁月的流逝中成熟，而岁月的积累决不等于你已经成熟。

故事穿越

《浮士德》是歌德历经60余年时间，呕心沥血完成的影响一代又一代人的巨著。在这部作品中，他借用浮士德的经历说明了只有每天接受新的挑战，才能战胜自己与生活，才能不断地成熟起来。

在《浮士德》中，恶魔梅菲斯特与浮士德打，赌订约：条件为魔鬼今生侍奉浮士德，浮士德死后灵魂归魔鬼所有。

于是，恶魔想要通过各种手段来满足浮士德的愿望：他先是使浮士德返老还童，变成一个年轻人；又引诱他和一个少女格雷辛恋爱；后来又协助浮士德成为地下宝藏的拥有者；甚至带浮士德回到古希腊，娶了绝代美女海伦……但是，金钱和美女都没有使浮士德感到真正的幸福和快乐。在浮士德心里，他想要成就一番大事业。他要征服海水，征服海洋，在不毛的沼泽中为人们建立新的理想之邦……

浮士德用一生时间在探索，最后，他发现与人民进行创造性的劳动，改造自然，创造自由国土才是美。那时候的他，才真正做到了成熟。

故事微语

人生有许多的经历，经历使人成熟。有的人经历多，阅历厚，有的人经历少，阅历浅，有浓有淡，有顺有逆，有成有败，但是，这些都是人生成长必经的阶段。其中喜愤哀乐愁，无所不有。

经历，有的刻骨铭心，终生不忘；有的如烟似雾，过而无痕。

所有的经历都是人生旅途中的足迹，都是生命过程，都是一种促使人成熟的因素。如果说人生是一部书，那么每一次经历就是书中一段故事或一个篇章。有丰富的经历，就能收获成熟的思想。

任何经历都是一种成熟的积累，积累得越多，人越成熟。经历得多，生命有长度；经历得广，生命有厚度。

心灵箴言

走向成熟就是独立得更彻底而又联系得更紧密。

——[奥地利] 霍夫曼斯塔尔

所谓成熟是指自我最深的觉悟，而非做观念上的俘虏。

——李小龙

成熟的男人不会陪着你疯狂，也不会陪着你沉默。他只是在你需要时出现，在你厌恶时消失。嫁给成熟的男人等于买了一份保险。

——李敖

深谙合作的重要性

6 故事话题

从前，两个非常饥饿的人得到了一位长者的恩赐：一根鱼竿和一篓鲜活硕大的鱼。其中一人想：鱼竿有什么用？又不能当饭吃，还是拿鱼好。而另一人想：鱼只能解决暂时的饥饿，拿到鱼竿就可以钓鱼，这样就不会被饿死了。于是两人一人要了那篓鱼，另一人要了那根鱼竿。两人就这样沾沾自喜地分道扬镳了。

得到鱼的那个人迫不及待地用干柴搭起了篝火煮起了鱼。他狼吞虎咽，甚至还没能品出鱼的鲜美便已经连鱼带汤吃了个精光。吃饱后的他早已经忘记了饥饿的感觉，最终饿死在了空空的鱼篓旁。得到鱼竿的那个人忍者饥饿，艰难地朝着大海的方向走去。

同样是两个饥饿的人，他们同样得到了长者恩赐的一根鱼竿和一篓鱼。各自得到一样东西后的两个人并没有各奔东西，而是商量着一起去找寻大海。他坚信自己一定能够钓到鱼。但是事与愿违，他还没走到海边便已经饿死了。

他俩每次只煮一条鱼，即使这一条鱼根本无法使两个人吃饱。因为他们知道一条鱼虽然吃不饱，但是足以使两个人不被饿死，这样节省下来的鱼就可以支撑他们到达遥远的海边了。经过遥远的跋涉，他们来到了海边。

从此，两人以捕鱼为生。几年后他们盖起了房子，有了各自的家庭、子女，有了自己建造的渔船，过上了幸福安康的生活。

故事解析

谁都不能脱离群体而单独生存，所以合作无处不在。不懂得合作的人，必然会在现实社会中吃尽苦头。

社会生活中我们都不能离开集体而单独存在，个人的力量毕竟有限，只有与他人合作，我们才能有面对对困难的勇气和战胜困难的力量。在学习、生活和工作中，我们要学会在合作中竞争，在竞争中生存。

故事穿越

有两个兄弟各自带着一只行李箱出远门。一路上，重重的行李箱将兄弟俩都压得喘不过气来。他们只好左手累了换右手，右手累了又换左手。

忽然，大哥停了下来：在路边买了一根扁担，对弟弟说："我来帮你。"

于是，哥哥将两个行李箱一左一右挂在扁担上。他挑起两个箱子上路，反倒觉得轻松了很多。

故事微语

在一场激烈的战斗中，上尉忽然发现一架敌机俯冲下来。照常理，发现敌机俯冲时要毫不犹豫地卧倒。可上尉并没有立刻卧倒，他发现离他四五米处远有一个小战士还站在那儿。他顾不上多想，一个鱼跃飞身将小战士紧紧地压在了身下。此时一声巨响，飞溅起来的泥土纷纷落在他们的身上。上尉拍拍身上的尘土，回头一看，顿时惊呆了：刚才自己所处的那个位置被炸成了一个大坑。

青少年朋友们，在我们人生的道路上，每个人肯定会遇到许许多多的困难甚至是危险，我们应该记住：在别人有困难和危险时我们应该伸出援助之手。因为帮助别人，就是在帮助自己。

心灵箴言

一致是强有力的，而纷争易于被征服。

——[古希腊] 伊索

五人团结一只虎，十人团结一条龙，百人团结像泰山。

——邓中夏

能用众力，则无敌于天下矣；能用众智，则无畏于圣人矣。

——孙权

对待任何事情都要淡定处之

故事话题

有一次，孔子要去陈国，弟子颜刻赶车，需要路过匡城。匡城的人听说有陌生人来，误以为是鲁国的阳虎来了。要知道，阳虎曾经残害过匡地人。于是，匡地人纷纷赶来将孔子围住。因为孔子长相和阳虎很像，所以被困了 5 天时间。后来，颜渊赶到，孔子说："我以为你死了。"

颜渊答道："老师还健在，颜回怎么敢死！"

这时，匡地的人聚得越来越多，围困得越来越急，随从的弟子们实在没有办法，都感到很害怕。孔子却十分从容，他淡定地对弟子们说："周文王已经死了，周代的礼乐制度不正掌握在我们手中吗？上天如果要毁灭这种制度，就不应该让后死的人认识和承担维护它的责任。天意既然没有要毁灭这种制度，那么，匡地的人又能把我怎么样呢？"

于是，孔子派随从向卫国的宁武子称臣，由宁武子出面消除误会，最终脱离了险境。

故事解析

淡定是一种品质，更是一种淡然处世哲学。淡定还是一种生活态度，一种人生境界。

人生在世，很定会遇到各种黑暗险峰，有时一路顺风，有时危险林立。对于这些，不妨以一种平和的心态去对待，淡定地面对这些。

放眼历史长河，那些叱咤风云的英雄豪杰、先贤智者，无论经历多少辉煌，无论外表何等风光，在他们心中始终会抱有一块淡定的净土。

淡定的人，在人生的大舞台上，面对各种事情都能够表现出淡定自若、荣辱不惊的样子，就算岁月的沧桑已经刻在了脸上，但心里却可以沉静如水，从而以淡定从容的态度面对任何起伏。

然而，淡定并不是淡漠，也不是消极的人生态度，而是一种平和，一种品质。淡定的人，可以平淡地去看世间繁华，在顺境中做到不张狂，在挫折时做到不消沉。淡如烟云，定如磐石。只有这样，才能生活得快乐满足。

故事穿越

公元 383 年，前秦 80 万大军进攻东晋，东晋顿时陷入危机，人民无不惶恐，可是谢安却能够镇定自若。他以征讨大都督的身份负责军事，并派了谢石、谢玄、谢琰和桓伊等人率 8 万大军前去抵御敌军。

在出发之前，谢玄来到谢安家郑重其事地去告别，同时要向谢安请示这个仗怎么打？让他没有想到的是，在这等危机之时，谢安只是轻描淡写地回答了句："我已经有安排了。"

谢玄原本想谢安肯定会有很多话要嘱咐他，可是，等了老半天，谢安都不开腔。谢玄回到家里，心里十分忐忑。

隔了一天，谢玄请朋友张玄去看谢安，托他顺便向谢安询问一下打仗的事情。谢安请张玄陪他一起下围棋，还跟张玄开玩笑，说要拿这座别墅做赌注，比一个输赢。

到了晚上，谢安召集众人，把每个人的任务一件件、一桩桩交代得很清楚。大家看到谢安这样镇定自若，也增强了信心，高高兴兴地回到军营去了。那时候，桓冲在荆州听到形势危急，专门拨出 3000 名精兵到建康来保卫京城。

谢安总是十分淡定的样子，他和派来的将士说："我这儿已经安排好了。你们还是回去加强西面的防守吧！"

当晋军在淝水之战中大败前秦的捷报送到时，谢安那时候正在和客人下棋，他慢慢地看完捷报，顺手就放在座位旁了，没动声色，继续和客人下棋。直到客人耐不住了问他战事到底怎么样了？

谢安淡淡地说："没什么，孩子们已经打败敌人了。"

直到下完了棋，客人告辞以后，谢安才抑制不住心头的喜悦，舞跃入室。

故事微语

淡定的人追求简单的生活，不会锋芒毕露，不喜抛头露面。他们对人生、对社会都十分宽容，对任何事情和任何人都不苛求，他们的心灵是清净的。

淡定的人懂得执著，但在执著的过程中更懂得随缘。这样的人生，张弛有度，拿得起放得下，不必深陷纠结之中。

生活中，各个方面都需要人们淡定面对。

可以说，淡定还是一种境界，是人们用一生都要不懈追求的精神富足。淡定处事，生命和信念会跟着变得高贵和从容。当你的心中真正拥有了一份淡定，还怕自己不能攀上人生的最高峰吗？

心灵箴言

非淡泊无以明志，非宁静无以致远。

——诸葛亮

一个人的自信心来自内心的淡定与坦然。

——于丹

泰山崩于前而色不变，麋鹿兴于左而目不瞬，然后可以制利害，可以待敌。

——苏洵

心灵榜样微史话

汉尼拔

汉尼拔·巴卡（前 247—前 183），北非古国迦太基名将，军事家，是欧洲历史上最伟大的四大军事统帅之一。年少时随父亲哈米尔卡·巴卡进军西班牙，并在父亲面前发下一生的誓言，终身与古罗马为敌，自小接受严格和艰苦的军事锻炼，在军事及外交活动上有卓越表现。现今仍为许多军事学家所研究之重要军事战略家之一。被誉为战略之父。

在外交上，汉尼拔是成功的。在军事上，汉尼拔在意大利境内十几年基本上不败，但在经济上，在没有援助的情况下，在罗马境内以战养战的方法已经逐渐不能满足他军队日益增长的需求。而迦太基政府却害怕汉尼拔胜利后会回到迦太基夺取政权，因此愚蠢地决定不再给汉尼拔持续的援助。

汉尼拔被西方人誉为战略之父，其许多思想和作战方法都有着理想主义的光芒，或者说，他是今天美国“高边疆”战略理论之父。

彼得一世

彼得一世，也称彼得大帝，是后世对彼得一世的尊称。彼得一世(1672—1725)，原名彼得·阿列克谢耶维奇·罗曼诺夫，是沙皇阿列克谢·米哈伊洛维奇·罗曼诺夫之子，俄国罗曼诺夫王朝第四代沙皇(1682—1725)。俄国沙皇(1682—1725)、俄罗斯帝国皇帝(1721—1725)，著名统帅，1682 年即位，1689 年掌握实权。作为罗曼诺夫朝仅有的两位“大帝”之一，彼得大帝一般被认为是俄罗斯最杰出的皇帝。他制定的西方化政策是使俄罗斯变成一个强国的主要因素。

彼得大帝是俄罗斯历史上最伟大的帝王。他继位后积极兴办工场，发展贸易，发展文化、教育和科研事业，同时改革军事，建立正规的陆海军，加强封建专制的中央集权制。继而发动了战争，夺得波罗的海出海口，给俄罗斯帝国打下坚实基础。可以说，近代俄国的政治、经济、文化、教育、科技等方面的发展史无不源于彼得大帝时代。

塞万提斯

米格尔·德·塞万提斯·萨维德拉，1547 年 9 月 29 日—1616 年 4 月 23 日，西班牙小说家、剧作家、诗人。出生于马德里附近的埃纳雷斯堡，他被誉为是西班牙文学世界里最伟大的作家。评论家们称他的小说《堂·吉诃德》是文学史上的第一部现代小说，同时也是世界文学的瑰宝之一。塞万提斯对于世界文学的影响是巨大的，甚至连西班牙语都因此被称为“塞万提斯的语言”。

苏沃洛夫

亚历山大·瓦西里耶维奇·苏沃洛夫（1730—1800），俄国伟大的军事家、军事理论家、战略家、统帅，俄国军事学术的奠基人之一，是俄国史上的常胜将军之一，著有军事学名著《制胜的科学》。

苏沃洛夫拥护“开明”的君主制度，反对保罗一世皇帝在军队中推行普鲁士式的棍棒秩序，从而引起朝廷对他的敌视。

苏沃洛夫作为一位天才的统帅和军事思想家被载入世界史册。他不仅在军事科学上而且在其他知识领域中都是同时代知识最渊博的人之 。苏沃洛夫在军事理论和实践方面留下了大量的遗产，他以新的结论和原则丰富了整个军事学领域。苏沃洛夫摒弃陈旧的封锁线式战略和线式战术，在其统帅实践中制定并运用了较完善的作战样式和方法，这些作战样式和方法大大超越了当时的水平，保证俄国军事学术取得了领先地位。他指挥过 60 多次交战和战斗，屡战屡胜。

苏沃洛夫的战略以极其进取和果断见长。其军事行动的主要目的是在不设防的野战中消灭敌军。苏沃洛夫为祖国建树的丰功伟绩在 1917 年十月革命胜利以后才全部得到承认。苏沃洛夫的军事遗产对于前苏联军事学术的形成起了很大的作用。

霍夫曼斯塔尔

霍夫曼斯塔尔（1874—1929），奥地利作家，诗人。1874 年 2 月 1 日生于维也纳，父亲是银行家。16 岁开始发表作品。其诗优美的抒情、迷人的语言和梦幻的情调立即引起轰动，被称为“新浪漫主义神童”。

霍夫曼斯塔尔是德语言文学19、20世纪之交唯美主义和象征主义的重要代表。他受尼采、马赫、弗洛伊德等人的影响，同时又受到资产阶级人道主义精神和欧洲基督教文化传统的熏陶，在思想和创作中都表现出复杂而深刻的矛盾。

1891年，他在维也纳结识德国诗人格奥尔格，深受其唯美主义文艺思想的感染。早期的创作在艺术上刻意求工，诗歌语言优美而富音乐性，剧本中的对话都用典雅的诗句，情节与人物形象都带寓意性和象征性；但内容脱离现实，往往通过生与死、苦与乐的矛盾这类“永恒”主题抒发内心的感受，情调感伤、抑郁，表现了对于世事无常和对死亡的悲叹。

麦克阿瑟

道格拉斯·麦克阿瑟（1880—1964），美国著名军事家，五星上将军衔。第二次世界大战时期历任美国远东军司令，西南太平洋战区盟军司令；战后出任驻日盟军最高司令和“联合国军”总司令等职。他因在菲律宾战役中的表现获颁荣誉勋章，他和父亲阿瑟·麦克阿瑟是史上第一对同时获得荣誉勋章的父子。

1919年6月，39岁的麦克阿瑟被任命为西点军校校长；成为该校自创校以来最年轻的校长。他时刻把“责任—荣誉—国家”作为治校的座右铭。学校体育馆的上方，挂着一块匾，上面镌刻着他的一句话：今天，在友好场地上播撒下的种子，明天，一定会在战场上收获胜利的果实！

1936年8月，获得菲律宾元帅军衔。

1944年12月，麦克阿瑟晋升为陆军五星上将。

纵观麦克阿瑟的一生，取得过最辉煌的成就，赢得过最耀眼的荣誉，且这些荣誉他当之无愧。

史迪威

约瑟夫·史迪威（1883—1946），美国佛罗里达州巴拉特卡市人。1904年西点军校毕业，参加过第一次世界大战，担任过美国驻华大使馆武官。1926—1929出任美军驻天津的第15步兵团营长、代理参谋长，晋升中校。当时马歇尔任该团副团长、代理团长，两人在此结识。

史迪威曾多次来华，第二次世界大战的珍珠港事件后，美国参战，史迪威于 1942 年晋升中将，并被派到中国，先后担任中国战区参谋长、中缅印战区美军总司令、东南亚盟军司令部副司令、中国驻印军司令，分配美国援华物资负责人等职务，后被晋升为四星上将。

史迪威具有多方面令人敬慕的才干，非常适合其在 CBI 的任职：他性格坚强，从不讲废话，被认为是美军中一位真正的战略家和出色的教官。他中文非常流利，有时写日记不用英文而用中文。更为重要的是，他对英勇顽强、吃苦耐劳的中国农民充满信心。他深信，经过一定的训练，加上很好的领导，中国军队能与世界上任何军队匹敌。

太平洋战争爆发后，他提出在远东美军从中太平洋、西南太平洋、缅甸、印度支那 4 个方向对日本作战的战略计划，后来美军除了向印度支那方向没有派兵外，基本按史迪威的战略计划实施，他担任蒋介石参谋长期间建议培训中国军队向现代化发展，他亲自培训的驻印军是国民党军队后来最有战斗力的五大主力部队之一，指挥收复缅北的战役。

陈纳德

克莱尔·李·陈纳德（1893—1958），美国陆军航空队中将、飞行员。曾为第二次世界大战时在中国作战的美国志愿航空队（“飞虎队”）的指挥官，有“飞虎将军”之称。

陈纳德先后参加了淞沪会战、南京保卫战和武汉会战，与中国和苏联空军司令官共同指挥战斗。他还在湖南芷江组建了航空学校，后来又到昆明航校任飞行教官室主任，负责给高级班授课。

1941 年 8 月 1 日，中国空军美国志愿航空队成立，陈纳德担任上校队长。1942 年 7 月 4 日，美国航空志愿队转变为美国驻华空军特遣队，陈纳德担任准将司令。1943 年 3 月 10 日，美国驻华空军特遣队转变为美国陆军第 14 航空队，陈纳德担任少将司令。同年 7 月 25 日陈纳德应聘中国国民党空军参谋长。1943 年 10 月中美空军混合联队组成并投入战斗，陈纳德任指挥。

由于陈纳德先后协助国民党政府与日本还有中国共产党作战，而且在战后始终坚定拥护中华民国的原因，国民党始终将他视为在美国最忠实的友人看待。

对于陈纳德能够以寡击众在缅甸还有中国战场上击败日本陆军航空队，曾经参加中美空军混合团的前驻美代表夏功权大使表示：“美国空军第十四航空队在陈纳德的指挥领导下非常坚强，他的战斗技术是举世无双的，因为他用英国人不要的老型 P-40 飞机打了胜仗。”

克伦威尔

奥利弗·克伦威尔是英国资产阶级革命家、政治家、军事家、宗教领袖。在 17 世纪英国资产阶级革命中，是资产阶级——新贵族集团的代表人物、独立派的首领。

克伦威尔是一个具有两重性的资产阶级革命家、军事家，是一身二任的矛盾性人物，共和国成立前的克伦威尔应基本肯定，后期应基本否定。在英国资产阶级革命的第一阶段，克伦威尔可以算是资产阶级革命家，他贡献突出，用武力击溃了王军主力，镇压王党叛乱，处死查理一世，建立共和制；共和国成立后，克伦威尔逐渐走向反动，远征爱尔兰，并对爱尔兰进行大肆掠夺，在远征爱尔兰的问题上不存有两重性的问题。

克伦威尔的护国政治是走向复辟的过渡形式，因此谈不上是新制度的探索者。他镇压民主派运动，发动一系列的商业战争，激化了社会矛盾。他在当时新旧交替的政治激荡中，对过去是激进的，要求改革，不是保守的封建王权论者；对未来则是保守的，主张王权，不是激进的共和主义者，是一个矛盾的历史人物。

戴高乐

夏尔·戴高乐，法兰西第五共和国的创建者、法国政治家、外交家、作家。于 1913 年从军参加第一次世界大战，第二次世界大战期间创建并领导自由法国政府（法兰西民族委员会）抗击德国的侵略；在战后成立法兰西第五共和国并担任第一任共和国总统。

在他任总统期间，提倡东西方“缓和与合作”，主张与前苏联以及东欧国家进行贸易和文化交流。1964 年他承认中华人民共和国，他还主张美军退出越南，并周游许多国家以加强法国国际地位。戴高乐支持发展核武器、制定泛欧洲外交政策、努力减少美国和英国的影响。这一系列思想政策被称为“戴高乐主义”。

2005 年，法国国家二台举行的“法国十大伟人榜”评选，电视观众评选戴高乐为法国历史上最伟大的人。

心灵修养用语微解

信任： 相信而敢于托付。

恩怨： 恩惠和仇恨（多偏指仇恨）；亦指情侣夫妻间的恩爱怨情。

成熟： 泛指生物体发育到完备的阶段，或事物或行为发展到完善的程度。

欣赏： 即享受美好的事物，领略其中的趣味；认为好，喜欢，表示称赞。

虚伪： 意思为虚假不真实。也有虚假的意思，现代社会中多用来评价个人行为。

距离： 1. 在空间或时间上相隔；2. 在空间或时间上相隔的长度；3. 指认识、感情等方面的差距。

反省： 意指检查自己的思想行为，检查其中的错误。也是“反省心理学”中的专业词汇，意思是指对自身已往心理活动的回忆。

真诚： 真诚即真实诚恳。真心实意，坦诚相待以从心底感动他人而最终获得他人的信任。真诚也是一个文学描述性词语，用以形容人格。

淡定： 指有泰山崩于前而面不改色的镇定程度，遇事沉稳中又积极果断，老练里却又重视有佳，胜不骄，败不馁；淡定形容一种勇气。淡定是一种思想境界，是一种心态。

公正： 伦理学的基本范畴，意为公平正直，没有偏私。没有偏私是指依据一定的标准而言没有偏私，因而，公正是一种价值判断，内含有一定的价值标准，在常规情况下，这一标准便是当时的法律。

感悟：是指人们对特定事物或经历所产生的感想与体会，是一种心理上的“妙觉”。它的表现形式不一，或渐悟或顿悟，或隐藏或彰显。真正的感悟来源于人们的亲身经历与感受，有的是渐渐的领悟，有的则是瞬间的开悟。正是不断的感悟使人们对人生、对事物以及对世界的看法发生改变。高层次的感悟与自身的心境和心力有直接关系。

忍耐力：是指忍受疼痛和苦难的能力。生物学中忍耐力是指生物体对污染物的忍受能力。

桃花源：出自陶渊明《桃花源诗》。诗的序“桃花源记”记述一个世俗的渔人偶然进入与世隔绝之地的奇遇记。本文幻想了一个没有阶级，没有剥削，自给自足，人人自得其乐的社会，是当时的黑暗社会的鲜明对照，是作者与时人所向往的一种理想社会，它体现了人们的追求与向往，也反映出人们对现实的不满与反抗。大部分学者认为，桃花源记是陶潜对当时的社会不满，希望追求一个平静和谐的社会而写的。

知书达理：有知识，通事理。指人有文化教养。

徇私枉法：指为了私情、私利而做不合法的事。徇私：谋求私利。枉法：歪曲法律，违法。

善解人意：指很能体谅人，很能体贴人、学会换位思考。善：善于。解：了解。人：他人。意：意思，想法。

自欺欺人：指用自己都难以置信的话或手法去欺骗别人。现指“明明知道真相，却骗自己也骗别人，一般指不肯面对事实”。

为人处世：是指“为人”和“处世”的总称。为人就是做人，“处”就是处理、接触，“世”就是外界的环境以及各种各样的事物。总的意思就是一个人生活在世上对待事情以及事务的处理方式与方法，有积极的、也有负面的。

有所为有所不为：大意是说人要审时度势，决定取舍，选择重要的事情去做，而不做或暂时不做某些事情。指人的精力是有限的，只有放弃一些事情不做，才能在别的一些事情上做出成绩。